心靈勵志 22

不斷炊的愛

洪惠雀 著

廣結善緣喜付出　社勞有愛化更生

建軍社區發展協會理事長洪惠雀女士活潑生動的描述了社會勞動人在建軍社區服務的點點滴滴。這本美好的著作對於高雄地檢署推動社會勞動制度之發展，無疑是一重要的里程碑。在國內，自民國九十八年九月一日起，為避免短期自由刑弊端、落實微罪犯彌補錯誤、回饋社會之良法美意，參酌歐美刑罰制度，以社區服務代替短期自由刑及罰金刑的執行，實施了易服社會勞動制度。高雄地檢署積極結合在地資源及建立與各公益團體之合作機制來推行社勞制度，期能深化司法保護。

建軍社區發展協會長年提供獨居老人送餐服務，成效各界有目共睹，在弱勢族群需求漸增、而原物料價格卻飛漲的時機點，社會勞動人之加入，不僅節省協會之人事成本，更使得這些原需入監之微罪受刑人見苦知福，深深反省自身所犯錯誤，並喜樂付出勞力以回饋社會，社會勞動制度提供了不同於監所之教化與矯正功能。

洪惠雀女士與其夫黃錫聰先生，對於服務獨居老人送餐等公益事務，積極投入不遺餘力，他們的熱情溫暖了需要扶助的老人們與弱勢家庭，更讓許許多多的社會勞動人迷途知返，啟迪了他們良善的內心，為當前社會注入更多清流。洪惠雀女士的這本著作，紀載了經營公益事業篳路藍縷的艱辛，亦是社會勞動制度創造「社會勞動人」、「社會」與「國家」三贏績效的最佳紀實。

高雄地檢署　檢察長　蔡瑞宗

幸福列車　從建軍出發

建軍社區自民國九十九年開始協助本署執行社會勞動，三年多共執行近三百件的案子，有近三百位社會勞動人在建軍社區服務過，可以說是社勞人與社會的中點站，更希望是整體犯罪的終點站。

本署於民國九十八年開始執行社會勞動，初始觀護人室就規劃以專案方式執行，並結合其他力量的投入，此舉一方面是要提升社勞人對於勞動的成就感，透過包裝與行銷，即使是簡單的清掃工作，一個人兩個人，一天兩天的努力，一個月後也能使荒地變成供大眾遊憩的公園；另一方面，社會勞動制度迄今僅三年多，有很多細節或許與人民的期待有所落差，但透過專案方式執行，可以向人民展現具體的成果，讓社會、社區與居民都可以直接的感受。

建軍社區黃理事長夫婦從事獨居老人送餐已經十餘年了，民國九十九年起有了社勞人的加入，建軍社區除了每天關心長輩外，更要投入到管理來關懷我們社勞人。身為我們第一線的機構，有很多執行方面的問題建軍社區都能第一時間的回報，本署舉辦的督核會議、機構聯繫會議等，建軍社區也是積極參與，並且提供執行上的經驗與案例分享，這對本署在社會勞動的執行有相當大助益。

幸福列車已經出發，我們已經將軌道鋪製完善，建軍社區也扮演著列車員的角色，協助本署管理社勞人，途中也許陸陸續續都有人搭上車，也都有人到站，希望這條道路能夠完善健全，更希望每位乘客出站時，都能抱著悛悔的態度，頭也不回地勇往直前。希望社會勞動制度在大家的努力下可以更趨完善，讓社會勞動制度能得到更多的認同，也期許建軍社區的愛能散播到社會上各個角落。

高雄地檢署　主任檢察官　陳宗吟

陳宗吟　主任檢察官 陳宗吟

把愛傳出去　不斷炊的愛

建軍社區發展協會自民國八十九年起推動獨居老人送餐及社區關懷服務，迄今已有十餘年，而社會勞動制度為民國九十八年修法所增訂之易刑處分，建軍社區在本署所舉辦的社會勞動說明會中積極的參與，並於民國九十九年二月份開始受聘為本署執行社會勞動機構，到底社會勞動人的投入會對建軍社區產生怎麼樣的變化呢？

社區處遇的執行方式有許多種，我國參照歐美的刑事政策，將社區處遇交由觀護人執行，藉此制度，讓許多社勞人加入建軍社區送餐服務的行列，而觀護人、觀護佐理員與建軍社區密切合作，對社勞人之監督管理及教化不遺餘力，亦使地檢署與社區建立了厚實的夥伴關係。

本文中對獨居老人送餐有生動的描繪，也敘述許多溫馨感人的小故事，其中對於社會勞動人心態上的轉變及自我提昇之成效，更令人刮目相待。建軍社區不但是社會勞動執行機構，自民國一〇一年更是本署司法保護據點之一，透過社區的努力，將本署柔性司法的溫暖得以散播至各個角落。

司法不應只是冰冷的處罰、制裁，保護人民也是司法存在的價值之一，藉由此書的付梓，希望能拋磚引玉，吸引更多有志一同的夥伴加入，以達政府、社區、弱勢族群及社會勞動人多方皆贏的效果，並讓社會更為祥和。

高雄地檢署　主任觀護人　韓國一

韓國一

目次

CONTENTS

大地有愛傳千里、
老人送餐服務
歡迎長輩提出申請
限高雄市苓雅區、三民區滿65歲以上中低收入戶
星期一至星期五(提供中、晚餐)星期六提供中餐、國定假日公休
志工服務隊

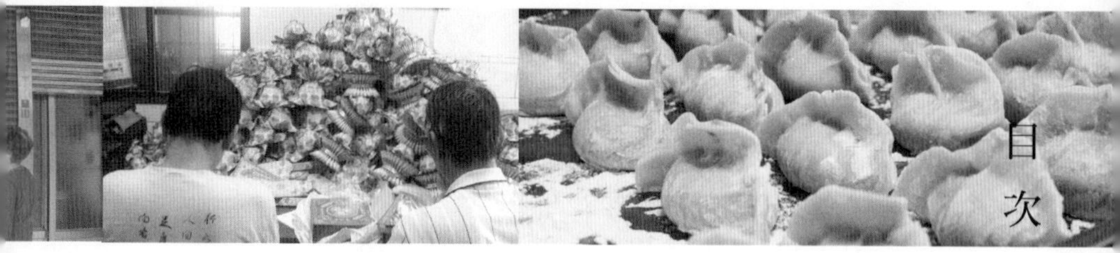

目次

CONTENTS

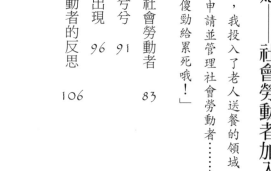

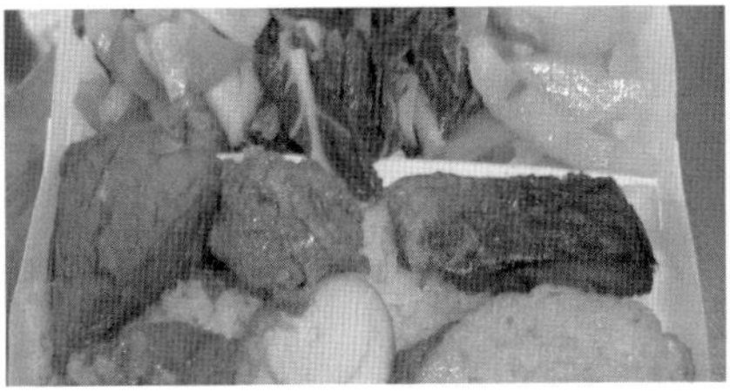

第一部　命中注定要走的路

從建軍社區發展協會開始

挑菜、煮飯、送便當⋯穿著圍裙在廚房裡穿梭，張羅著各區老人家要吃的餐食，這是一條不歸路！

我是洪惠雀，活了五十多年一直都住在高雄，是一個簡單、平凡的家庭主婦，也是一個有眾多「手下」的洪姐……

別誤會，我們跟香港電影演的「古惑仔」一點關係都沒有，這些「手下」的工作，只是很單純的做些挑菜、煮飯、送便當等等……瑣碎的工作，只是因為他們有些人的面相長得有些讓人「誤會」，加上人數眾多，常常讓不相熟的人，以為我們是什麼集團，鬧出一些笑話。

活到五十多歲，我的人生裡大概有二十多年的歲月，跟「餐飲業」脫離不了關係，從畢業後在學校家政科擔任助教教學生作菜開始，一直到現在，仍然天天摸鍋碰油的。或許等到我要去蘇州賣鴨蛋的前一刻，說不定還是穿著圍裙在廚房裡穿梭，張羅著各區老人家要吃的食物！

從建軍社區開始，做餐食真是我生命中，注定該走的一條不歸路！

1 透早就出門，天色漸漸光

我直爽地說：「愛心餐食就是做三餐送給老人家吃，我們身邊有很多老人家很可憐沒有人照顧，連三餐都無法正常吃。」……

我這輩子到目前為止一直都住在高雄。小時候住在鼓山區，結婚後跟隨著丈夫黃錫聰住到苓雅區的建軍里。在還沒認識丈夫前，我根本不知道有建軍這個里，在丈夫投入建軍里的里長選舉時，我才慢慢認識附近的區域。

建軍里的東邊就是鳳山區，北邊是三民區，以台鐵的鐵路作為分隔，附近還有小公園，不時有火車經過，而我的「餐飲事業」的源頭，就位在這附近，常常可以聽到火車「轟隆隆」的行駛聲，伴隨著我煮飯炒菜的聲音。

不知道大家都是幾點起床呢？如果說以睜開眼的時間為基準，作為一日的開始，那相信我跟丈夫的時間肯定是比很多人來得早。從開始「餐飲事業」以來，我與丈夫幾乎日日比太陽還要早起，數著高雄的日出過生活。

◆天都還沒亮，魚市場早已經充滿熱鬧的叫賣聲。

早起的鳥兒有蟲吃，許多市場的小攤販或是做餐飲生意的人會早起到魚市去批貨，我們也不例外。夏天的話，凌晨三點起床倒是還好，我特愛呼吸那股沁涼的空氣；但要是冬天的話，那可真是苦慘了我們。特別是寒流來襲的日子，光是離開溫暖的棉被窩，就是一大挑戰，之後還要用冰冷的自來水洗臉，更是可怕的酷刑。不過只要想起有許多人，等著吃我們製作的餐食，睡眠再怎麼惺忪，就會打起精神來面對。

這日，剛好有記者要採訪我們工作的情形，我覺得有些吃驚，畢竟哪有記者願意半夜跟著我們在市場裡跑來跑去，只是為了幾段文字的採訪。我告訴他們說：「我們每天開始工作都是凌晨三點左右，在魚市耶，你確定你們要跟拍嗎？」誰知記者覺得這樣的情形很少見，反而很有興趣，便跟我們約好了時間，凌晨四點在前鎮魚市門口等待，一路跟拍。

前鎮魚市的門口，擠滿著大大小小的廂型車，有人載貨，有人把它當作兜售早點的餐車，雖然還沒到水洩不通的程度，但是已經熱鬧非凡。我跟丈夫開著小貨車，從建軍里的正義路趕來，準備開始我們一天的行程。

凌晨四點的前鎮魚市，正是燈火通明、人聲鼎沸的時候，在這裡可以看到最「青」的啤酒、保力達、菸、雨鞋、水桶，還有比人還要多的魚。潮濕的地上，全都是魚貨拖曳的水痕，川流不息的人群根本不在意那些濺起的水花。只要觀察一下這裡的人的鞋子，就會發現誰是在地內行的人。

◆水再冰、手再凍，心裡面始終暖暖的。101.11

在魚市場裡生存，一定得穿雨鞋，否則長期下來腳可是會受不了的。還記得有一年，丈夫因為身體微恙，所以有三個月的時間，都只剩下我跟「手下」們去市場採買，結果沒多久，我就得了香港腳，癢到受不了。這麼久的經驗下來，我跟丈夫當

◆一大早才能看到如此新鮮的虱目魚活蹦蹦地亂跳。101.11

然也是穿著雨鞋來採買，越輕便越好，才方便提拿更多的貨物。

我們在門口跟記者會合，便開始進行採買的工作。自從我們有了「手下」後，現在大多是由丈夫帶著他們來魚市工作，因為今天有採訪的緣故，便由我負責跟記者解說工作內容，讓他們可以順道拍攝丈夫的工作情況。

只見丈夫帶著「手下」許大哥，身手俐落閃過一臺臺手推車，很快來到固定的攤位前，眼明手快地撈選著地上著魚貨跟鮮蝦，結帳後交給許大哥提拿，立刻前往下一攤。幾個攤位後，許大哥肩上已經扛著一個保麗龍箱，手裡提拿著剛剛採買完的魚貨。他們的身影穿梭在每一攤，各家的攤主似乎也都習慣我們的存在。買了幾攤後，手上的提袋漸多，重量也已經難以負荷時，漁販會幫忙搬運，於是許大哥就留在現場等待。

「為什麼許大哥要留在那邊等啊？」記者跟著我們的腳步前進，轉頭望向許大哥的位置後發問。

「要是沒有留個人在那邊看顧，有時候你回到家，發現魚貨都已經被掉包了。」丈夫邊走路邊揮動著雙手。

1. 透早就出門，天色漸漸光

「真的假的？居然還有這種事？」記者相當吃驚地回應著。

「有囉！這種事很常發生，以前我們也都相信人性本善，但偏偏就是會遇到一些不肖業者，故意把比較優質的漁貨掉包，回到建軍一拆開，根本就傻眼了。」我回憶起以前的情形，繼續說：「第一次、第二次還可以當作不小心拿錯，但是哪有常常在拿錯的道理。吃過幾次虧後，我們就學乖了，還是給自己人顧比較安心。」世風日下，人心不古。以前我不懂，還覺得怎麼可能都已經買好的東西，還會被掉包呢？經過幾次教訓後，有些時候還是要保險些。

丈夫聽完我的回答後，只是笑一笑又繼續往前走。他在鮮魚肉攤前停住腳，跟記者說：「像這攤魚肉就很新鮮，雖然我們是做愛心送餐，但也不能因為有經濟壓力就讓阿公阿嬤吃得不健康。」

「什麼是愛心送餐？」記者原先以為我們只是在做「自助餐」，沒想到忽然冒出「愛心送餐」這個詞。

「這個哦！還不是當時太天真，以為煮飯、做自助餐給老人吃不是啥難事，做個一天兩天可以啦！沒想到一做就做到現在了。」我直爽地說：「愛心餐食就是做便當送給老人家吃，我們身邊有很多老人家很可憐沒有人照顧，連三餐都無法正常吃。」

「什麼？我還以為你們是做自助餐的耶！」記者搔搔頭，「所以你們跟自助餐不一樣哦？」

「不一樣哦！雖然我們真的也很像自助餐的樣子，可是我們比較算是社會關懷單位，專門做餐食提供給獨居老人，或是沒辦法自理餐食的老人家啦！」原來記者誤以為我們只是單純做自助餐生意的。

「真的嗎？高雄是個大都市欸，這樣的需要送餐的案例很多嗎？」記者匆匆在筆記本上寫了幾句話，趕緊接著問。

「很多喔！只是很多人都以為是少數個案而已吧！」我細數了一下，說：「我們光是中餐就要送出一百多個便當了，妳說多不多？」

原本正在寫字中的記者聽到這數字，愣了一會，繼續問：「這些老人是指沒有兒子女兒的嗎？」

「不一定！」我看著丈夫挑著一尾又一尾的鮮魚，然後繼續回答記者的疑問：「獨居老人不一定是沒有兒子女兒哦，有些只是兒女住得太遠，阿公阿嬤又一個人住沒辦法自理三餐。有時除了送餐還要照看一下老人家的生活起居！」

「啊！還有這種事？我以為兒女照顧父母是天經地義的事，沒想到你們送便當還有幫人照顧父母的事情。」

我聽完苦笑了一聲，「這種事情可多了，我們愛心送餐的活動做那麼久了，什麼千奇百怪的事情跟理由都聽過了，有些根本只是藉口罷了，有沒有心而已。」

「我都沒想過這種事，還以為是電視演的才有可能發生，沒想到真的有

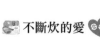

那麼多阿公阿嬤需要被照顧。」記者一臉不敢相信。

「我們愛心送餐的活動，已經做很久了。剛開始做的時候，我們也不敢相信啊，但是一次兩次三次，有些阿公阿嬤真的很可憐。」我回頭指向許大哥的身影，「不過，要不是沒有他們的加入，我們也不可能有辦法繼續一直幫助阿公阿嬤。」

「他？」記者有點茫然地看著許大哥，「他不是你們請的員工嗎？」

丈夫聽到記者的回答後哈哈大笑，「要是有錢請員工，我們寧願把錢拿來幫助更多阿公阿嬤。」

「他是社會勞動者，前幾年地檢署剛好在推動時，我們有符合申請的資格，後來地檢那邊就給了一些人力來幫忙做愛心。」

「洪姐妳的意思是說，除了幫老人送餐外，妳還要管理社會勞動者嗎？會不會很難管理呢？」記者思緒很敏捷，馬上聯想到管理層面的問題。

「只要是對人的管理，一定都很難的。」我回憶著第一批社會勞動者來到建軍時的情形，當時我可是緊張兮兮啊！

正當我跟記者還在閒聊時，丈夫已經挑好魚貨，準備結帳了。我向記者解釋：「像是這攤的老闆是專賣鮪魚的，他知道我們都是專門幫老人送餐食的，所以都會特別優待我們，其實也幫我們不少忙呢！」

「鮪魚不是很貴嗎？為什麼要挑鮪魚買？」記者納悶地問。

◆新鮮的鮪魚無刺又營養。101.11

「因為鮪魚的魚刺少，老人家在食用時比較不會有被魚刺哽到的情形，我們在購買食材時，也都盡量可以著想到每個層面。」丈夫向魚攤的老闆點頭示意感謝，便繼續往前走，接著來到虱目魚攤前。

一尾尾彎曲的虱目魚，泡在冰塊與水裡，每尾看起來都很新鮮，丈夫捲起袖口，伸手泡進冰水裡打撈，挑選中意的虱目魚。虱目魚也有南北之分，南部的虱目魚總是彎曲身子出現在攤位上，而北部的虱目魚總是直直的，據說南部的虱目魚比較新鮮的緣故。

「頭仔，你每天早上起床開始跑市場，又天天摸這些冷冰冰的水，不怕凍傷嗎？」記者一邊拿相機拍攝，一邊發問。

「哪會，這又不算什麼。」丈夫憨厚的笑著：「水是冰冷，魚是有腥臭味，可是只要想到阿公阿嬤他們吃得很開心，這都可以接受了。再說，這種冰冷，哪比得上被潑冷水、被冷言冷語的冰冷。」丈夫說的話，也正是我心裡所想的。

「虱目魚比較多刺，給老人家吃的時候要特別注意，但是比起冷凍魚總是比較新鮮營養，所以我們都會搭著買。」泡在水裡的不單只有虱目魚，還有那雙手，付出的熱情與愛心，需要仔細又隱約地才能被查覺。

「你每天買這麼多東西嗎？」記者看著我們手上的提袋越來越多，比我們還心急。

「明天魚市休息，所以要把明天用的量買起來囤放。」

「每個菜市場的休市都不同，所以都要提前準備？」不只記者有這樣的

1. 透早就出門，天色漸漸光

疑惑，其實每次帶不同的社會勞動者來，他們也都會問同樣的問題。

「對啊，不然阿公阿嬤就沒東西吃囉！」在丈夫不經意笑容中，裡頭卻有著無限的小細節。

結完帳，時間也已經差不多，丈夫拿著魚貨準備離開市場，前後大概半小時的左右，非常快速。

這樣的奔波來回，不單只是為了我們家庭的三餐溫飽，還有一群阿公阿嬤的重擔。望著丈夫不高的身子，他的背影逐漸隱沒在仍然昏黯的天色裡；接下來的時間，我們仍不能休息，還要趕去肉市、果菜市場採買，遲了好食材就不多了，只能挑揀剩下的。

記者的採訪工作也差不多結束，向他們道別後，我們在魚市門口跟許大哥會合，找到自己貨車，準備往肉市出發。身後傳來魚市場的吶和、叫賣、殺價，一攤攤此起彼落的聲音，在晨靄中漸漸明朗，高雄這個大城市正準備要起床活動了。

2 菜市場裡的眉眉角角

這麼多年來我們有著共同的理念：舉凡要給阿公阿嬤送進口中的食物，一定要新鮮，要以他們老人家的健康作為第一重點……

離開前鎮魚市後，我們下個目的地是菜市場。這個時間的菜市場，有些攤位的燈光還暗著，倒是販賣肉品的攤位總是明亮一片，依照以往的經驗，大概是豬隻宰殺後送到攤位來，還需要攤商自行切剁、處理後續的部份，所以肉品攤商總是比其他攤販還要更早到市場裡開始工作。

走進菜市場裡，隨處可見阿桑坐在攤位前的導引水溝旁，手上處裡著一條條粉紅色又剔透的大腸，像這些食材需要先挑選，然後再清洗，才能上攤架去販賣給客人。而肉攤的販子正順著豬肋骨的方向，將附在骨頭上的肉屑卸除，這種順著紋理的工作，很像書上說的「庖丁解牛」，他們總有辦法把骨邊肉清理得乾淨。來菜市場買肉也是一門學問，台灣每處飼養的豬隻所食用的飼料不同，所以在宰殺後，可以發現豬肉的顏色都不一樣。有些呈現漂亮的紅潤色，有些肉色則顯得泛白些，好似比較無油脂的感覺。

採買本就是辛苦的一件事，需要極度的有耐心與細心，特別是負責一百多人的食材，更要仔細挑選、斤斤計較。身邊的朋友常看我們一早就要東奔西跑的，心疼我們太辛苦，紛紛建議我們可以請專門採購的廠商來處理，只要前一天打電話向廠商下單說明數量，隔日食材就會自動出現在門口，方便又省事。但和丈夫討論後，還是認為自己親自採買比較有保障，一來可控管食物的品質，二來還能省下手續費，多餘的費用可以回饋在阿公阿嬤的餐食上。這麼多年來我們有著共同的理念：舉凡要給阿公阿嬤送進口中的食物，一定要新鮮，要以他們老人家的健康作為第一重點。

料理的餐食中，大部份以蔬食為主，但三不五時就會替阿公阿嬤們添加葷食，除了有魚肉外，一周約有兩三餐會再添加肉類，雖然阿公阿嬤們所需的肉品並不多，但是我們每天卻要添購不少肉類，因為這些肉品的加工品，已經成為維持我們送愛心餐食的主要經費來源。

這話怎麼解釋呢？因為政府補助的經費太少，每次都入不敷出，在經費不足下，實在無法僅依靠政府補助的款項來維持送餐的費用，於是在社會勞

◆ 飽滿的內餡，每一顆都是親手拌餡親手包製。

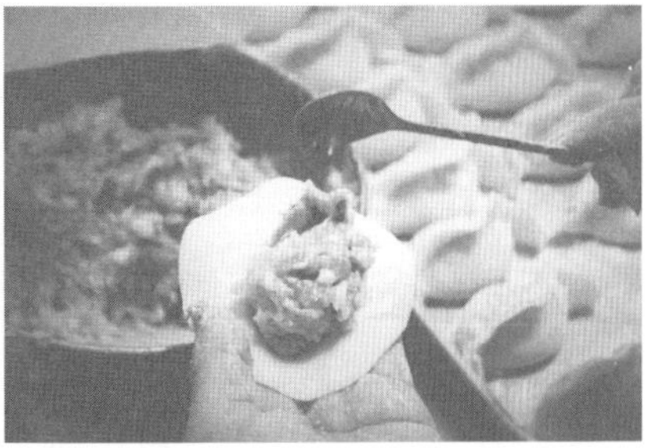

◆每顆水餃都像小元寶一樣幫助我們解決窘迫的經濟問題。

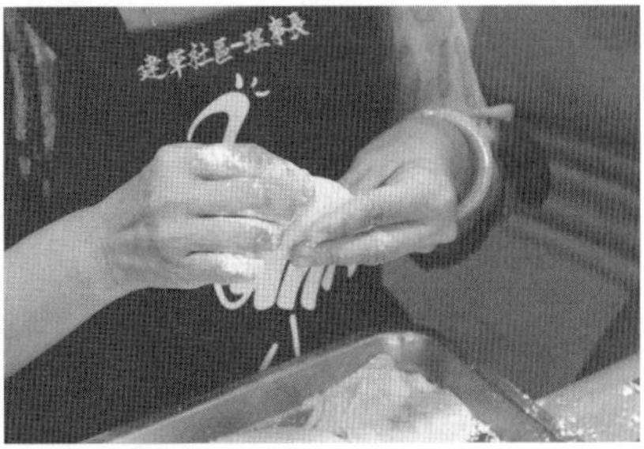

◆ 每一顆水餃包含了無限的愛和希望。101.11

動者的建議下，我們靠自己的力量，發揮料理食物的專長，研發出「五行手工水餃」，自己拌肉餡、包水餃，賣水餃，將義賣水餃所得轉成阿公阿嬤餐食的經費來源。

水餃義賣的效果很好，所以肉類的需求量就逐漸增大，剛開始我們沒有固定配合的攤商，總是一間試過一間。有些攤商的價錢過高、有些攤商則是品質良莠不齊，遇到這種情況我們常感到困擾，要販賣的食物，若是品質不一，就很難有好口碑。最後終於找到一間肉販品質很穩定、價格也很公道，之後便成為我們固定合作的攤商。

由於我們每次購買的數量都很龐大，跟攤商熟識後，對方也會好奇我們的職業，慢慢與我們閒聊幾句。剛開始他們以為我們只是單純做餐飲的生意人，可能每天需要的產量很多，認為這些肉品都是為了作生意用。其實他們這樣的邏輯也沒錯，的確是作生意，只是在我們作生意的背後意義是為了公益、社會關懷，為了一群阿公阿嬤的餐食。

我們將「愛心餐食」的故事告訴攤商後，他們感到非常驚訝！畢竟這聽起來太不可思議了！我還記得他們說：「這種傻事真的有人在做啊？」

「唉，我們又不是圖謀營利，沒有在搞作秀那種招術的啦！當然是真的、認真在做有愛心的事啊！」我還記得當時我半開玩笑的回答攤商們。大概是我們的認真與愛心，感動了他們，於是每次購買肉品時，我們的價格就是比人家便宜，長久下來，無形中也替我們省了不少經費。

我常常感嘆，這個為阿公阿嬤送餐的工作，之所以會讓我一直做下去，其中有很大的原因，不外乎是背後這群一直默默支持我們的人。即使他們不是用最直接明講說要捐多少錢、捐多少物資，但間接地使用另一種方式來幫助我們，已經讓我們非常感動了！

3 吃魚吃肉，也要有菜配—社會勞動者的愛心

……他之後便天天到菜市場幫忙攤販擺攤、收攤，與菜販逐漸建立好交情，讓菜販願意提供免費的青菜，這樣的舉動直接為建軍社區發展協會省下一大筆菜錢。

買完魚、買完肉，俗話說得好：「吃魚吃肉，也要有菜配。」解決了魚跟肉的食材後，剩下就是水果蔬菜的問題。

在米飯、魚、肉、果菜等食材幾類中，通常白米、魚和肉的價格波動較不大，有時候遇到七月普度，還常有善心人士捐白米幫助我們，倒是果菜的價格就較難預測，萬一遇到颱風或雨季，將會增加不少開銷，後來果菜的價格波動問題，在一位社會勞動者的幫助下，獲得解決的辦法。

前年有一位社會勞動者，本行是以賣棉被為主，我們都叫他張老闆，不曉得怎樣的緣故，因為犯了票據法，所以被法院判刑到我們建軍社區發展協

會來服務九百多個小時。通常作生意的，都有採買的經驗，我們就讓這位張老闆負責採買果菜的工作，大概是生意人天生就有交遊廣闊的本能，這位張老闆居然慢慢跟這些攤商熱絡起來，除了採買我們所需要食材外，偶爾還會幫忙攤商作生意、招呼客人。

有一次颱風天，我跟丈夫正對果菜的預算拿捏一籌莫展之際，張老闆發現了我們的窘境，還拍拍我們的肩膀叫我們不要擔心錢的問題，我們回答：「怎麼可能不擔心，

◆ 98.9

阿公阿嬤沒菜吃，可是會便祕的。」張老闆聽了哈哈一笑，那日菜市場收攤後，居然出現一臺小貨車，上頭載了一簍簍的蔬菜水果，原來這些都是賣像較差的食材，不好賣放著容易腐壞也是可惜，所以張老闆就和幾位熟識的攤商詢問後，請他們把一些蔬菜送給我們。看到有水果蔬菜的那一刻，焦慮不

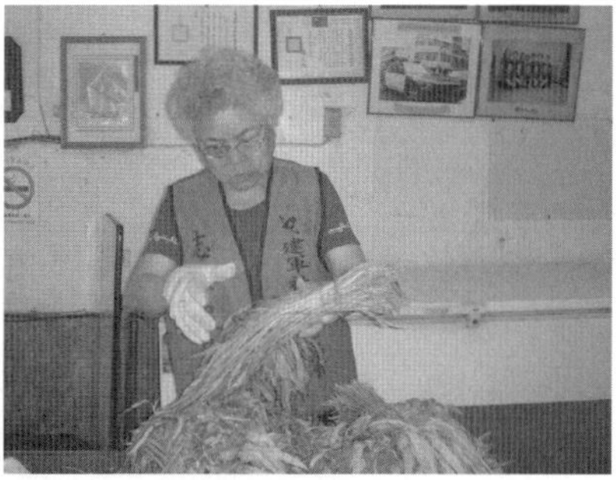

安的心立刻轉化成滿滿的感激和眼眶打轉的淚水，除了不斷道謝外，早已感動地說不出其他話語了。

還記得當初張老闆剛來建軍時，發現我們做的是一件很有意義的事情後，他還非常驚訝地說：「我以為電視上說有人在做愛心餐食，都是騙人的報導，沒想到真的有人在做這件事。」張老闆就跟其他社會勞動者一樣，發現我們在沒有任何背景跟資源下，只有熱情與愛心就投入獨居老人送餐。在他實際的參與我們活動後，察覺我們營運上的困難，亦同時觀察到菜販們收攤時，會將剩餘的蔬菜丟棄，為了不要浪費這些蔬菜，他之後便天天到菜市場幫忙攤販擺攤、收攤，與菜販逐漸建立好交情，讓菜販願意提供免費的青菜，這樣的舉動直接為建軍社區發展協會省下一大筆菜錢。

大概是我們所做的事情，被他看見、被他認同，所

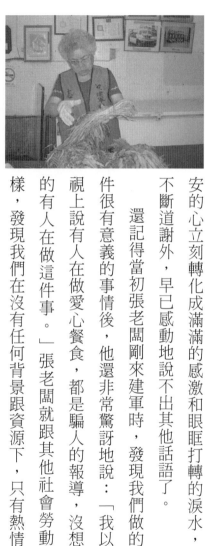

以他願意去說服這些果菜市場的攤商來幫忙我們，真的是萬分感謝這樣的舉動。去年張老闆的服務時數已經完成，要離開建軍社區發展協會前，他還特別交待新進來的社會勞動者一些細節，像是阿公阿嬤喜愛的菜色、對這些菜販要「好嘴」，嘴巴要甜一點、要主動幫忙菜販……等等，一字一句的交待著，就是害怕接手的社會勞動者會不小心就疏忽了。

◆一籃籃蔬菜全都得來不易，一點點也浪費不得。101.11

　現在每天早上，小貨車都會從民族果菜市場運來蔬果，每當新進一批社會勞動者，我就會不厭其煩說著這段故事，讓每位在廚房幫忙的志工或社會勞動者明白食材得來不易。這些食物是由社會勞動者辛苦換來的，無論在清洗、切整、料理甚至到最後的食用，都應該是懷著感恩的心情，以珍惜、不浪費的前提下，將這些食材發揮最大的功效。

4 溫暖人心的食物

只要打開心仔細的觀察，會發現身邊還有更多需要幫助的人，小小的關懷就能讓社會變得更溫暖，讓心互相貼近。握緊拳頭，什麼都沒有；張開手掌，就擁有全世界……

社會勞動者給予我們的幫助，其實不只是果菜市場而已。前陣子一位在鳳山賣豆花的周媽媽，忽然來拜訪建軍社區，提議要贈送豆花給阿公阿嬤吃，這樣的狀況真是讓我振奮。仔細瞭解其中原由後，才知道我們這裡有一位社會勞動者常常去買豆花，透過跟周媽媽閒聊，把我們的故事分享出去。

「其實我也不是很認識那位社會勞動者，可是聽到有人在做愛心餐食的事，就覺得很感動，所以我就來親眼看看。」周媽媽很和善地說著。

「如果妳願意，也可以常常過來這兒，有時間也可以當我們的志工，陪送餐也可以遇到更多阿公阿嬤，她們老人家很喜歡有人跟他們聊天的。」我誠實地說：「其實我們這裡是小地方，但是很歡迎有心要幫忙的人加入。」

◆鳳山周媽媽自告奮勇為阿公阿嬤們送來好吃的豆花。

「一定、一定！」周媽媽也描述了她製作豆花的過程，讓我們可以對她所要贈送的食品安心些，「豆花是每天早上現磨現做，絕對不會給阿公阿嬤們吃賣剩下的。」

周媽媽每天早上都要磨製黃豆，淡淡的黃豆香與蔗糖的甜味，總是瀰漫在社區裡的每一處。她做豆花的廚房有一扇已經鏽化的鐵窗，每次都能看見她忙碌的身影，來來回回不時地看顧爐火，認真而專注。

在幾次的討論後，我們決定挑選一日，讓好吃的豆花跟便當一起送出，那天的阿公阿嬤除了有便當吃，還有甜點豆花可以享用。只要是甜點，很少人會不喜歡的，阿公阿嬤也不例外，特別是滑嫩好入口的豆花，很輕易打動阿公阿嬤的心，大家都吃得笑呵呵，還有人問說何時還會有豆花可以吃。

周媽媽得知自己的豆花很受歡迎後，感受到阿公阿嬤的喜悅，一直說好感動、好溫暖。我想若是她能親眼看到阿公阿嬤的笑容，意義肯定又是不同。

除了社會勞動者的幫忙外，其實有些時候我們也會得到突如其來的幫助，像是偶爾會有善心人士或企業團體的捐贈，但也有些我們還沒摸清對方是誰，就莫名其妙獲得幫助，我想有些人總是「為善不欲人知」吧！

上海素食百匯自助餐廳，就是一個例子。

這間餐廳的出現，可以說是相當曲折離奇的緣份。我一直記得，接到上海素食百匯自助餐廳電話那天，才剛從春天進入夏天，陽光很溫暖，光線灑在前頭的庭院裡，非常舒服，我還想著要請待會有空的志工們，幫忙阿公阿嬤把棉被拿出來曬暖收拾。

那天的早晨，大家正為了餐食忙進忙出之際，忽然電話響後，餐廳主動跟我聯絡，表示他們願意加入我們的餐食便當，請我們每天大約中午一點半之後，到他們餐廳領取剩餘的菜餚。這些菜餚是餐廳自助餐中午賣剩餘的，

◆前往上海素食領取未售完的菜餚。101.11

可不是客人吃剩下的廚餘哦！餐廳表示，與其要將剩餘的菜餚放到廚餘桶實在覺得很心痛，不如利用資源，拿來幫助更多需要這些餐食的人。

聽到這樣的消息，我當然是相當雀躍。有了素食餐廳的加入，讓原本七菜一湯的愛心便當可以變化多元，加上這間素食餐廳菜色營養，阿公阿嬤吃了肯定健康；最直接來說，這樣的方式讓我們節省更多採買食材的經費，可以有餘錢幫助更多人。約定好跟餐廳見面的時間後，我們便進一步詳談細節。在討論過程中我才知道，原來有一位吳老師偷偷居中牽線，向餐廳介紹建軍的愛心送餐活動。事後我致電並感謝吳老師時，他只是淡淡表示：「這緣份是佛祖幫忙牽的線。」頓時讓我們有著滿滿的感動。

一杯簡單的甜點豆花、一通溫暖的電話，總在我需要幫忙時出現，並及時伸出援手，讓愛心送餐遇到的辛苦與困厄，好像都不再重要。只要打開心仔細的觀察，會發現身邊還有更多需要幫助的人，小小的關懷就能讓社會變得更溫暖，讓心互相貼近。握緊拳頭，什麼都沒有；張開手掌，就擁有全世界。看見自己所擁有的，珍惜這些擁有的，慢慢累積正面能量，讓社會變得更好就從自己做起，我很希望將這份感動傳達給更多人，更希望建軍社區發展協會能把這份使命繼續延續下去。

回想起這些過程，有笑又有淚。做愛心餐食那麼多年，總是無限感觸，我是樂觀地面對每天發生的事情，認為一路走來，得到的幫助比遇

◆ 每天做餐食的戰場。101.11

到的打擊還要多，就連鄰居也被我們所感動。還記得剛開始做餐食時，我們在清晨搬運食材的聲音太大，還曾被左右鄰居當作小偷，一大清早就被喊著「抓賊啊！」最後發現是誤會一場時，鄰居反而不好意思，現在對於搬運食材造成的聲音也習慣了，還常常幫忙我們搬運貨物。

細想著我們每一天睜眼的開始，就是凌晨三點。起床梳洗，凌晨四點到清晨七點間，在前鎮魚市、肉市、果菜市場三處奔波採買，最後回到建軍社區發展協會。接著，就是帶著社會勞動者們挑菜、洗菜、備料的時間，等待九點一到，志工媽媽們來幫忙烹煮午餐，十點打包便當、分裝完畢。哪位阿嬤吃素、哪位阿公消化不好，不能吃什麼……等等，按照個人需求去處理，分配完成後開始分送便當，在大街小巷裡騎

◆ 整理菜葉

著機車，只為了讓阿公阿嬤能準時吃到美味的餐食。

中午十二點稍作休息，有幾位社會勞動者會到正義路附近及左營的素食餐廳去取剩餐，將店家剩餘的餐食打包回來後再進行分類、烹煮，等待兩點一到，再接著料理晚上的餐食部份，四點開始又繼續分裝便當、送餐。

◆上海素食每天中午未販售完的蔬菜，在加工後就又能成為一道熱騰騰佳餚。101.11

我們在建軍裡的工作，日復一日，就是如此的單調動作，卻又需要縝密心思，不能稍事疏忽，若是沒有志工與社會勞動者的協助，恐怕我跟丈夫早就難以支持了。因此，我感恩這些願意幫助建軍社區發展協會的人，若不是他們，就不會有建軍社區發展協會，更無法照顧這些阿公阿嬤。

我希望能將這樣的感動與心意，變成可以溫暖阿公阿嬤的餐食，傳達熱騰騰的不只是便當，還有一直支持著我們繼續做下去的那些力量，他們默默的付出，點亮社會黑暗的角落。

第二部　天公疼憨人，傻人有傻福開始

「替老人家送餐有什麼難的，我們現在就可以做啊！」

就是這句話，接連影響了我後來數十年的生活。

無論是建軍社區發展協會裡的志工，還是社會勞動者，大家都叫我「洪姐」。這個名字怎麼來的，我已經忘記了，我總笑說我真是吃虧，就連阿公阿嬤打電話找我時，都會說：「洪姐在嗎？」其實我的年齡不一定比他們大，但可能因為管理社會勞動者的關係，變得越來越像大姐頭，連帶著「洪姐」這詞就出現了。

大家都說我就像建軍社區發展協會中的媽媽，沒有我，社會勞動者會亂成一團；沒有我，阿公阿嬤們的三餐大概就沒有著落；沒有我，整個社區發展協會也大概不用運作了。

聽起來，讓人誤以為我很能幹，實際上我原本對什麼愛心送餐、社會福利、社會勞動者……根本不懂，是因為誤打誤撞加上慢慢摸索，經過一番跌跌撞撞，整個建軍社區發展協會才開始步上軌道。

1 因為擁有，所以更應該要付出

「洪姐，妳說看看，我們高雄有辦法嗎？幫老人家送餐耶，我們這里不是也很多獨居老人嗎？」有位媽媽忽然問向我。

我出生在高雄鼓山區，當時算是小康家庭，年輕時我就對做菜、料理一直有興趣，當時樹德家商正巧有一名職缺，主要工作是管理一間實習餐廳，因此在老師的推薦下，我擔任了管理者的角色，帶領幾十名的學生營運餐廳。幾十年後的現在，每當我想起這件事時，總覺得這個經驗幫了我一個大忙，特別是「管理者」的身份角色，其實相當微妙。在社會勞動者的管理上，都會讓我回想到早期若是在學校管理學生時的情形。

我與學生們相處的情況如同朋友，在上課時、餐廳營運時，我對待他們非常嚴格，講求條理分明；下課後、離開餐廳時，我就成為學生們的朋友，一同出遊、聊天的機會很多，相處得非常融洽。這種管理的方式，默默影響了我對社會勞動者的管理方式。

後來，我在母親的安排下和先生黃錫聰相親，進而交往，等彼此雙方父母都認可後便與他結婚，婚後育有三子。和丈夫可以算是結婚後才開始戀愛，原本從商的丈夫，後來投入建軍里的里長選舉，一當選就是連任十二年，在他當里長的任內，幾乎沒有什麼休息時間，我們倆有著相同的雞婆性格，每每看到不平的事情就會跳腳，聽到需要幫忙的人，就會熱心協助。

我的婆婆待我相當得好，一丁點家事都捨不得我做，家中的工作幾乎都是男生負責。即便我的小叔從日本回來，也是他料理廚事，大家一起用餐完畢後，洗碗的也是我丈夫，更別提掃地、拖地了，這些都是家中男丁負責。能嫁入這樣的家庭，真的非常幸福，或許有可能是自己太幸福、擁有得太多了，因此每當看到有人需要幫忙時，我總是會特別關心。後來丈夫擔任里長十二年裡，最後的四年我們開始辦理送愛心便當給阿公阿嬤的活動，原本應該待在家裡的時間，我們都投注在獨居的阿公阿嬤身上，還記得婆婆那時相當吃醋，覺得我只關心外頭的阿公阿嬤，都沒時間跟她相處了。

現在想一想，覺得很有趣。在家中我不用自己煮飯，根本就是人家說的「手不動三寶」，要吃什麼、要喝什麼，這些丈夫都會幫我張羅好。沒想到我在外頭，居然要負責料理獨居阿公阿嬤的三餐。

丈夫在擔任里長後，他更努力發揮自己熱心助人的個性，到處服務里民，而我就忙著我的興趣—料理美食。

話說民國八十四年的時候，正義路上沒什麼店家，我閒著無事，找了塊空地就擺了小吃攤車，開始賣起土魠魚羹。當時正義路就我這一家，因此小吃的生意相當好，不少人看見賺錢商機，也陸續在我旁邊擺起攤子，忽然這附近就越來越多人聚集。不過人潮多，也不見得每個攤子的生意都是一樣好，總是有落差。時間久了，有些攤商難免眼紅不滿，打電話向警察檢舉是常有的事情。

剛開始大家忍一忍就過去了，沒想到後來三天兩頭只要一擺攤，就馬上有警察來關切開單，起初大伙是跑給警察追，久了之後連警察都懶得追，反正大家都住附近，都知道哪個攤是誰家的，直接找上門來，跟我溝通：「洪姐，妳不要再違規啦！那邊不能擺攤啦，妳只要一擺就有人打電話檢舉，這樣我們很為難耶！」

民國八十六年，被檢舉的情況並沒有改善，我逐漸對整天跟警察你追我跑的日子感到厭倦，索性停業，把攤車收起來不再繼續營業，打算專心輔助丈夫的事業跟里民的生活。不過或許我本來就是閒不下來的人，只要一有空，腦袋裡就有一堆點子想發揮。那年，我跟里民們在公園裡聊天，其中一位媽媽提及電視上的一則報導，內容大概是台北某一地區有人專門在替老人料理餐食、送便當，相當有愛心。

大家紛紛表示這樣的事情很有意義，若是高雄也能有這樣的人出來號召，一定很樂意參與。就在大家七嘴八舌之時，我瞧著大家躍躍欲試的心情，覺得這件事還挺有意義的。「洪姐，妳說看看，我們高雄有辦法嗎？幫老人家送餐耶，我們這里不是也很多獨居老人嗎？」有位媽媽忽然問向我。

「對啊洪姐，要是里長願意做，我們都願意當志工喔！」聽著大家一番很有「愛心」、「熱忱」的言論後，我內心暗暗想著，今天我丈夫是建軍里的里長，里民們這麼願意付出，我們還怕什麼呢？

大家有朝一日都會變老，誰知道那時自己的兒女會不會在身邊相伴呢？建軍里有這麼多的獨居老人，我們既然被里民託付期待，更應該重視這些問題，於是我說：「替老人家送餐有什麼難的，我們現在就可以做啊！」

就是這句話，接連影響了我後來數十年的生活。

2 哭笑不得的荒謬人性

看著阿嬤奮力地往便當盒裡塞食物時，剎那間我跟丈夫都覺得又好氣、又好笑，有一種哭笑不得的荒謬感……

說出這句話後，我與丈夫開始商量該怎麼進行「愛心送餐」，剛結束路邊攤生意，手邊有一堆用不著的鍋鏟碗公、餐盤器具、火爐等工具，我順勢把這些器材拿來運用，又省下一筆買設備的經費。自願幫忙作餐的志工有了、工具有了，我們還差一個地方。若是沒有一個大空間，我們要在哪裡煮食便當呢？

當時社區裡有位理事聽到我們的活動，想起自己的親戚有一棟空屋子在附近，目前無人承租，於是便把這件事告訴他的親戚，沒想到他的親戚也相當認同我們的理念，答應將房子用很便宜的價格租借給我們，就這樣，我與丈夫一頭栽進了替老人作餐的服務，送餐的工作一做就做了十五年。

原先我們是在協會裡煮食，以自助餐的方式讓老人自行來打包便當，無論便當菜色多寡，一個便當只販售三十元。豐富好料又便宜的便當，許多阿公阿嬤相繼被吸引而來，社區裡的阿公阿嬤都吃得非常開心，瞧見他們喜悅的神情，我們就相對地更開心煮食。

但好景不常，這種經營方式很快出現了問題。一般人去吃到飽的餐廳消費，什麼都要拿，吃不完就算了，反正付完了一定的錢，吃不完要浪費也沒有關係。不少阿公阿嬤拿著便當盒，也不管自己是否吃得完，就是拼命地夾菜塞滿便當盒。一個三十元的便當盒，常常已經超過該有的價值，以及老人們可以負荷的份量，看見這些鼓鼓的便當餐盒時，都讓我感到心痛不已。

由於我們老人自助餐的活動吸引太多人注意，就連報章雜誌、電視媒體也陸續來到建軍社區發展協

會報導這件事，在媒體的宣傳下，建軍跟老人送餐就此相連，難以分開。大概是我們便當物美價廉，又有媒體大力的加持放送，一被渲染後，「建軍社區」的名氣越來越響亮，來吃便當的阿公阿嬤越來越多，甚至還有些阿公阿嬤特地從很遠的地方趕來，就是為了吃一個三十元的便當。

有一次的中午，當我們忙著炒菜、鋪料、包便當、算帳，在手忙腳亂之際還要接電話。沒想到電話一接起來，裡頭便傳來一位阿嬤沉沉的聲音。「喂，建軍嗎？我想請教一下，妳們賣便當的，是靠近哪裡啊？聽說你們便當只要30元，我想要去吃便當。」

「阿嬤，妳現在人在哪裡？」我乍聽之下，還以為她是附近的住戶。

「我住在岡山啦，現在已經坐公車到你們附近了，可是找不到你們那條路，你們可以出來帶我嗎？」

做餐的地點在建軍里，靠近南高雄，再過去就是鳳山，而阿嬤居然千里迢迢從北高雄的岡山，特地坐公車到我們這裡，只為了吃一個三十元的便當。

事出突然，而且阿嬤已經表示來到我們附近了，只好匆匆請一位志工出去帶領阿嬤到社區來吃便當。看著阿嬤奮力地往便當盒裡塞食物時，剎那間我跟丈夫都覺得又好氣、又好笑，有一種哭笑不得的荒謬感。這個情形在我心中投下一顆震撼彈，我知道如果再不改變，愛心便當將無法真正幫助需要幫助的人，因此我們開始重新檢視關懷獨居老人、製作餐食的制度。當初的一番好意，似乎到現在已經被糟蹋了，這樣的下場將導致我們面臨破產的窘境，在當時沒有任何經費可以後援的情況下，我估算過每日營收大約是五千元左右收入，但是每天光要付出的菜錢、米錢、瓦斯費居然高達一萬五，這根本就是可怕的無底洞啊！當時那個年代，里長每月薪資只有一萬兩千元，我們幾乎是自掏腰包奉獻給老人們。

只要我們開張營業，就是自掏腰包、就是在虧損，入不敷出的狀況下，讓我們咬牙支撐半年後，終於宣告投降。

這一歇業，竟然引來可怕反彈！很多吃慣我們餐食的阿公阿嬤得知這消息，紛紛打電話到社會局去抗議。雖然我們想繼續為獨居老人服務，但我們亦有自己的難處。光是菜錢就是一筆龐大的開銷，更別提協助幫忙的志工，那些油資花費等。我們很願意付出愛心，關懷老人家的生活，但要做這些事情，都需要資金的補助。

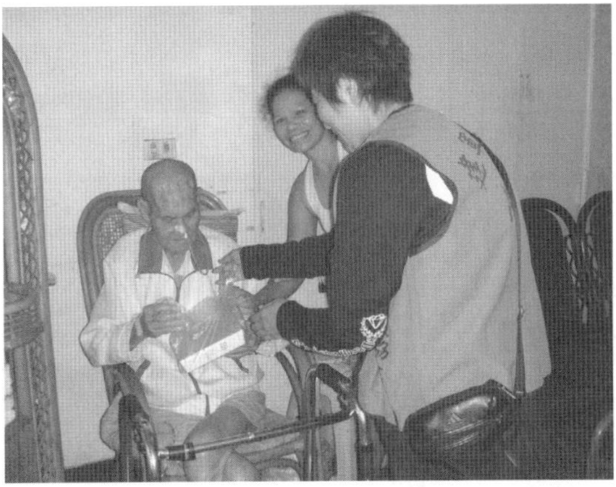

阿公阿嬤們的抗議聲越來越大，逼得社會局不得不正視這個問題，所以他們派人來訪談視察，開始協商討論。還記得當時的局長蘇麗瓊聽完我們的狀況後，拍拍丈夫的肩膀竟然勉勵我們：「黃先生、洪姐，你們都很有愛心也很有耐心，但你們送餐只有自己社區的部份，何不把小愛化作大愛，讓更多阿公阿嬤可以被你們照顧到呢？」，這讓我們夫妻二人更不知該如何是好！

3 冷水澆熱心

每當快要撐不過來時，我都會問自己：「能不能在堅持一會兒？」

但是因為蘇局長的鼓勵，已經停辦一個月的送餐服務，又開始接受阿公阿嬤的登記製作。從民國八十七年到八十九年間，我們都是靠自己的力量默默做事，從沒想過可以跟政府要補助。

八十九年時，我們遇到一位股長，在他的講解下，我們開始向社會局申請補助。豈知每次申請就是遭承辦人員潑冷水，每次都申請不過，當時年輕氣盛生氣的懷疑對方是不是故意找碴，故意針對自己，而承辦人員總是說：「洪姐啊，妳作送餐服務要申請補助，可是妳有沒有想過其實這工作會有很多問題？」

「能有什麼問題？」那時我做送餐服務已經兩年的時間，就算沒有接受社會局補助，我還是在做，所以我一直不覺得會有問題。

「妳這個送餐服務要做多久？妳有沒有想過除了申請政府補助，其他經費的來源呢？總不能一直靠著妳的老本來作善事吧？入不敷出的情況很快就會用光。還有妳的人力部份呢？妳們現在社區有很多志工沒錯，但這些志工也是有自己的事要忙、他們也會因為年紀問題，慢慢的體力不支，到時妳還是要找新的志工進來，妳有想過嗎？」

承辦人員所提出的這些問題，當時問得我啞口無言，但樂觀如我，在那當下，我一直不覺得這些是問題。沒錢，就不要做而已；沒志工，頂多就再找，不然就是我跟丈夫繼續做，怕什麼？

然而，就現在的我看來，承辦人員當時所提的這些問題，都在日後一一的浮現並產生。當時她事先提點了我可能會發生的狀況，年輕的時候我當時很不以為然，但十幾年後的我，卻非常感謝他。

好比人力的問題，承辦人員就說得相當精準，這也是為什麼最後有地檢署的社會勞動者加入的原因。提到經費，更是最現實的問題。在往後的日子裡，建軍社區發展協會更差點面臨好幾次的斷炊，最近幾次我都想直接收手了，要不是丈夫堅持不願意放棄，加上不斷有善心人士默默幫忙，實在不可能撐到現在！

這些年來，每當快要撐不過來時，我都會問自己：「能不能再堅持一會兒？」如果當初聽了承辦人員的話就這樣放棄，現在生活或許可以過得舒服點，但我已經選擇投入，把自己奉獻在送餐這件事，陪伴著阿公阿嬤的生活，就沒想過後悔或是要重新來過。從民國八十七年至今，已經十五年光陰過去。在這些日子裡，總是開心伴隨著低潮。因為為老人送餐的工作，導致丈夫在競選里長時，老被對手的黑函與流言攻擊，在民國八十九年的里長選舉中，連任失敗。

這樣的結果，對我們無疑是個打擊。為什麼這麼用心在為里民服務、發展社區、行善公益卻得不到里民們的認同呢？後來我們才知曉，因為便當定

價的問題，讓許多人對我們有誤解。一個便當，我們定價三十元，與市面上的便當定價差不多。一般人認為，市面上的便當有營利之途，而我們的便當定價與市面上差不多，所以也是有營利之嫌。

面對這樣的說詞，我們真是百口莫辯。

政府對低收入戶的補助門檻越來越嚴苛，近年來原本可以有一百人獲得三十元補助，已經被刪除到剩餘六十人可以得到政府的三十元補助，其餘的人若是想繼續接受送餐服務的話，得付全額便當費用。

會有這樣的結果，是我們不樂見的，有些法規甚至很不合情理。例如：若是獨居老人家有女兒，而女兒離異，在法條上則判定女兒歸屬回原家庭，則該戶老人就不屬獨居老人或低收入戶的範疇。

就我個人看來，這是相當不公平的。臺灣的社會雖提倡男女平等觀念多年，但終究重男輕女的人多，社會價值的眼光仍是傳統保守的。許多女性若是離婚，失去丈夫的依靠，有不少女性寧願選擇獨自在外工作，依靠自己而活，不少女性礙於社會眼光，並不會選擇回到原生父母家庭，那又要怎麼撫

養父母親呢？

這些被踢出補助門檻外的老人家們，有些人真的窮困地付不出便當費，卻只能自己想辦法活下去，面對這群無力謀生的老人，我們如何去跟他們說明無法獲得補助的原因，又如何拒絕那一張張蒼老的臉龐？

臺灣的社會對於獨居老人一直有些誤解，很多人都以為或是想像，獨居老人的人生經歷一定很悲苦，無兒無女無所依靠……，但事實卻不盡然，這是對獨居老人不夠瞭解。並非所有的獨居老人都是低收入戶或可憐人，有些獨居老人只是因為子女不在身旁照顧，自己無法料理三餐罷了。

基於諸多原因，對於有能力可以支付全額便當費用的老人，我們會盡量收取全額三十元，但這只是佔我們送餐老人中的三分之一，而另外可以獲得政府全額補助的，根本不到三分之一，其餘的三分之一，有一些是根本得不到補助卻無力負擔費用。

這樣經費拮据的狀況下，居然還能有「暴利」的傳聞出現，其實對丈夫與我而言，是很殘忍的抹黑，我們甚至想過不如就這樣放棄送餐吧！但當「放棄」的想法一浮上心頭，就不自覺想起一位陳阿嬤。

因為孩子在外地工作，阿嬤一個人住在大樓裡，有次高雄地檢署要作記錄，委託我帶志工去作訪談。還記得我跟志工去拜訪她時，剛好是某天的早晨，陽光照在我們臉上，還帶有一點微風，感覺很舒服，路上都是剛運動完的老人家，我們就是在人群裡發現了陳阿嬤的身影。陳阿嬤和女兒兩人一起在公園運動、聊天，當她看到我們時，笑得很開朗，親切的招呼聲讓我們不由自主地放鬆了心情。

陳阿嬤是道地的高雄人，從小就住在高雄，家中是以種水果務農維生，雖不算富裕但一家人的感情非常的好。二十八歲結婚後，與丈夫開始作起生意，辛苦賺錢養大孩子。阿嬤說起丈夫時，臉上出現了淡淡的笑容，她女兒在一旁說：「我爸對我媽很貼心！沒工作的時候都會陪著我媽到處去玩呢！」

「嘿啊，他都會帶我出去玩，要不是他走太快，現在我們一定還是常常到處去散步呢！」從陳阿嬤的靦腆笑容裡，也似乎可以感受到她跟丈夫深厚的感情，以及過去的幸福時光。

「我媽喔，現在天天都會回想過去她跟我爸去哪玩、發生什麼好笑的事情，看著她還能記得那麼清楚，其實感覺還滿棒的，這也算是她的依靠吧！」陳阿嬤的女兒一邊看著媽媽跟志工們聊天，一邊小聲地跟我說：「這幾年她身體比較不好，腳曾經因為摔倒而受傷，到現在走路還是很不方便，不能站太久，真的很謝謝妳們願意幫忙送便當，讓我們做子女的可以放心地在外面工作。」我聽完後，雖然有些擔心阿嬤的身體，不過下一秒看著阿嬤爽朗地笑著，頓時又覺得安心了不少。

會想到陳阿嬤，就是因為發現我們的送餐服務，能夠幫助了很多人。有這便當，讓受傷的陳阿嬤不用為三餐而煩惱，讓她的兒女不用一邊工作一邊奔波照料；有這便當，讓陳阿嬤可以一直這麼熱情開朗笑著，繼續影響更多人，讓她現在的生活中，可以想著她與丈夫曾經快樂的回憶……

陳阿嬤的例子總是我最好的安慰，每當攻擊的流言出現時，我就開始想著阿嬤的笑容，告訴自己要堅信送餐食真正的意義。這些細節可能很多人都不知道，但我們所做的每件事，本來就不是為了取悅誰，或是獲得名聲而做。

不少支持者安慰我們：「選舉不就是這樣嗎？流言傳來傳去，若是太執著，反而是自己辛苦。」是吧！天性樂觀的我，聽到這樣就容易釋懷了。或許做好自己的事、堅持對的事情，只要問心無愧，就不用擔心流言。

4 物資短缺與社會勞動者

這一路上我們的物資跟資金常常在「快沒有了」跟「忽然又有了」間徘徊……

就像當初承辦人員說的，社區裡的志工慢慢的有年紀了，體力不堪負荷；年輕人又忙著工作賺錢，平常也沒有時間可以在社區當志工，於是送餐服務中最重要的一環—人力，就出現斷層的問題。

在越來越沒有志工的情況下，只剩我跟丈夫兩人在苦拼時，放棄的念頭時不時就在我們討論話題裡，幸好在民國九十八年的時候，地檢署開放了社會勞動役申請，我在陰錯陽差下，開始接手管理社會勞動者。雖然管理社會勞動者是件苦差事，吃力不討好，可是若是沒有他們的出現，老人送餐的服務根本沒辦法繼續，他們解決了人力不足的問題，讓我們暫時可以維持下去。

就在前年年底，建軍社區發展協會再度發生危機，又因為經費短缺，得不到政府的補助，原本我與丈夫商量，若是持續虧損不止的話，不如忍痛將送餐工作先收起來吧！在現實不斷考驗後，回想起當年不假思索就答應送餐的傻勁，覺得自己實在很天真！怎麼會不考慮後果與評估，就決定要做送餐的工作呢？因為這句承諾，在建軍社區發展協會的送餐服務，伴我走過十五個年頭，明年就準備邁入第十六年了。

這麼多年來無法找到經濟上持續的後援，一直是我們最困擾的地方，原本去年底，建軍社區發展協會就已經要斷炊，但似乎老天爺冥冥之中的幫助，讓我們認識貴人朱老師，又從各方找到物資，才得以再堅持一年，但明年是否還會繼續，仍是個未知的謎。

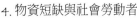

這一路上我們的物資跟資金常常在「快沒有了」跟「忽然又有了」間徘徊，我跟丈夫的心也往往都在這兩種狀況中七上八下，有時我會忍不住跟喜美奶奶碎念這樣的情況，但她總是拍拍我的肩膀，要我不用太擔心。

喜美奶奶也是我們的送餐戶，她與孫子一起住在一條小小的巷子內，每次來到她家，她總是帶著大大的微笑迎接我或是送餐的志工，遠遠的看到奶奶的笑容就覺得很幸福、很親切，所以有空閒時我總喜歡在喜美奶奶那多待一會，與她聊聊天說說話。過去奶奶的生活其實並不順遂，也經歷過很多辛苦的生活，但對於這些事情她卻都輕描淡寫地帶過，她曾說過一句話讓我印象特別深刻，她說：「那些苦痛或難過，就像是老天爺給的訓練，你看狂風暴雨後的天空不就特別地藍嗎！」而這也是我最敬佩奶奶的一點，總是將這麼多快樂的能量帶給大家，正因為這樣豁達的人生態度讓我也受到影響，看待很多事情也慢慢地不去擔憂太多，橫豎都是一天，煩惱也一天；開心也一天，不如讓自己更自在一點，做自己想做的事。

現在，我仍不後悔自己所付出的一切，特別是在為阿公阿嬤送餐這件事上，我想這是這輩子，我覺得非常驕傲的事情。每個阿公阿嬤都是獨一無二的故事，認識他們，反而讓我得到更多的人生經驗。

我不曉得未來究竟會走到哪個地步，是否能繼續為阿公阿嬤製作便當，但我希望往後我的孩子或孫子，提到我或是丈夫時，都能為這件事情，感到與有榮焉，更希望他們能把我們的精神繼續傳遞下去。

◆ 在這個寧靜的角落，有許多人需要我們適時伸出援手。101.11

4. 物資短缺與社會勞動者

第三部　用便當認識不同人生

話說，在民國八十七年，我們歇業了一個月後，因為社會局的協助，最後又決定重拾為老人製作餐食的工作。

至今，我手上送出的便當已經難以計算，從剛開始我親手一個一個送出，到現在交由社會勞動者幫忙，因為便當，我的生活中多了好多阿公阿嬤，因為便當，我走進了他們的故事，他們也走進了我的生活。

這裡頭有不少阿公阿嬤的故事，我常開玩笑的自嘲：「要是有一天，我不在這人世間了，不管是在哪裡，一定都不孤單。這些阿公阿嬤一定會在那裡等我去陪伴他們。」

「幹嘛?再做便當給他們吃嗎?」每次聽到我這麼說，社區裡的志工就會吐槽我。

「唉唷，饒了我啊！」我聽完之後哈哈大笑，但是一想起就覺得也不無可能啊！

1 吃便當重要，自尊也很重要

「妳不要再送便當來了，我不要吃了。」阿珠嬸拼命用手擦著眼淚，一臉倔強的模樣……

民國八十七年，我們決定繼續為老人家製作便當，只是這次我們改變方向，不再採用自助式的包便當，而是由我們自己分配便當的菜色與份量，避免浪費也節省開銷。

同時，也因為決定將小愛化作大愛，我跟丈夫決定將送餐的區域擴展到附近的三個里鄰，所以我們在實施前，製作了文宣廣告，裡頭寫明接受老人家們登記送餐服務，我送的第一位阿嬤、第一個便當，就是她自己看廣告來的。

第一個便當，總是記得最清楚的。

我送出的第一個便當是給阿珠嬸，她住在建軍里的隔壁里，平常子女都在外地上班，她一個人很難自理三餐，加上她是該里中經濟狀況最不好的，所以當她從廣告單上得知有人會製作便當、還送到家裡給她吃時，非常開心打來登記。

第一餐，就在她歡喜、我也開心下度過了。

第二餐，當我送到她家時，阿珠嬸卻躲在屋子裡不肯開門，我好說歹說，終於把她哄騙到願意開門，當我走進屋內瞭解狀況時，才發現阿珠嬸已經淚流滿面，哭得相當可憐。

「唉唷，阿珠嬸，妳怎麼哭了？發生什麼事啦？是我們便當不好吃嗎？」第一個便當就遇到老人家哭成這樣，我有點慌了手腳。

「不是啦，妳不要再送便當來了，我不要吃了。」阿珠嬸拼命用手擦著眼淚，一臉倔強的模樣。

「不是吃得好好的嗎？怎麼忽然說不要啦？有發生什麼事嗎？」由於我第一次送便當，只覺得老人家的心情真是難以捉摸。

「我的鄰居都笑我，說我不要臉，跟人要便當吃，又不是沒有兒女，還要人送便當，好像乞丐一樣，到處要人施捨。」哄了好久，阿珠嬸終於說出拒吃便當的真正原因。

聽到這個原因，我當下愣了一會。我一直覺得送便當給老人就是一種有愛心的行為，可是我卻忽略了老人家自尊心的問題。思考了一陣子後，我改變說法。

「阿珠嬸，妳的鄰居誤會啦！這個便當妳雖然不用付錢，可是政府有幫妳付錢啊！這是政府替你們這些老人家著想，專門補助給像妳一樣，兒子女兒不在身邊的人，我們建軍是替政府照顧你們啦！」

為了老人家的自尊，我只好稍稍說謊。事實上根本沒有政府補助這回事，在當下為了讓阿嬤能繼續吃便當，不得不把政府抬出來當藉口。就算今天阿嬤不繼續吃我便當，我也沒有損失。但就是不忍心看到阿嬤為了自尊心，還要想辦法張羅自己三餐。

「真的嗎？妳沒騙我？」阿珠嬸聽到後，忍不住再三確認，最後終於破涕為笑，繼續接受我們送便當的服務，有了政府的這個說詞，她再也不用擔心面子問題了。

後來阿珠嬸將「政府補助的便當」這個消息散播出去，我們接到越來越多的阿公阿嬤打電話來登記送餐服務，正因為如此，原本的小愛真的變成大愛，還變成超級大愛。這些阿公阿嬤呼朋引伴，將原本預計送餐的文昌里、正仁里、衛武里，擴大成十多個里，區域範圍瞬間變大。

我跟阿珠嬸的緣份大概一年多的時間，之後她就安詳地離開人間。對我來說，她是我送餐的第一位阿嬤、第一個便當，意義非凡。並不是因為第一個就特別重要，而是她教會我，在做愛心之時，也別忘記要顧慮他人的自尊，將心比心這個愛心才更將有意義。

2 多一點關懷，少一分遺憾

送餐給阿公阿嬤時，一定要確認他們已經收到了，跟他們多說點話，花點小時間，可以減少遺憾的。

除了阿珠嬸之外，我同時幫一位搖椅阿嬤送便當，這位阿嬤的名字我已經忘記了，只記得每天早上她都會到公園裡運動，回到家後就會坐在搖椅上休息，閉著眼睛邊聽佛經，令人感覺很自在。

每次幫她送便當時，只要把便當放在門口，對著阿嬤輕聲呼喊：「阿嬤，便當來囉！」這時，她的搖椅就會搖得特別大力，雖然她閉著雙眼，也會微笑回應。

這位阿嬤待人非常和善，總是笑咪咪的，身體非常健康，每日送便當時，總是很期待看見她的笑容。搖椅阿嬤吃了我們建軍的便當三年，大概九十多歲。有一日中午送便當時，我們照常把便當放在門口，如常的呼喊她。

她沒有出聲回應，但是搖椅依舊搖著、佛經音樂仍然放著，我們安心地離開。傍晚，當我們來送晚餐時，赫然發現搖椅阿嬤的家門口居然已經掛起白燈籠，盡是辦喪事的外觀。我們嚇了一跳，才知道阿嬤在睡夢中過世了。

短短幾個小時的時間，笑容可掬的搖椅阿嬤離開了，我們在當下有說不出的感傷與惆悵，雖然古人講說「生死有命」，人總是難免一死，可是當結果擺在自己面前時，還是需要調適一陣子。

搖椅阿嬤的事件，讓我想著，若是中午送便當時，我能夠多注意一下她，是不是就能發現她的異狀呢？想著阿嬤溫暖的笑容，只能再次告訴自己跟志工們，以後送餐給阿公阿嬤時，一定要確認他們已經收到了，跟他們多說點話，花點小時間，可以減少遺憾的。

3 學會如何說：不！

每次吃定我一定會願意幫忙，因此讓他有偷懶的好理由，逃避自己該負擔的責任，或許我也間接成為了共犯。

我們接觸阿公阿嬤的時候，或多或少也會跟他們家人遇到。在這麼多組的家庭裡，有一些人並不是沒有能力而是沒有心。

怎麼說呢？有些阿公阿嬤明明有子女，但這些子女卻總將照顧父母親的責任丟給別人，以前第一次遇到，還不知道怎麼處理，老為這個問題苦惱，接觸久了就知道怎麼應對了。在我們送便當的路線中，有一位住四樓的周阿公，他的子女因為工作的關係住在外地，而我們負責週一至週五幫這位阿公送便當，週末則由他兒子回來照料。

當初我們會規定如此，是因為希望子女們可以利用週末假期回來看看父親，不要將責任都丟給我們。在剛開始執行的時候狀況都還好，沒想到才過幾週的時間，子女的心態就顯露無遺了。

某一次的週末，我與先生正在客廳裡看電視，難得的空閒時間，正好與家人相伴、互相聊聊近來的生活瑣事。電話響了，當我接起來時，正是聽到這位周阿公的兒子周先生語氣著急地說：「喂？洪姐在嗎？我有急事要找她幫忙。」一聽到他這樣的語氣，我內心也急了，趕緊回應說：「我是洪姐，發生什麼事了嗎？」

「洪姐啊，不好意思啦！我這週末臨時有事，沒辦法回高雄替我父親送便當了，能不能麻煩妳幫我買個便當送到我父親那兒啊？」其實周阿公離我住的地方距離挺遠的，但人難免總是有一兩次不方便的時候，我倒也可以理解，於是這次我就答應幫忙了。

誰知，這樣的情況越來越多，周先生倚賴著我們願意幫忙，吃定我們捨不得阿公餓肚子的心情，行徑越來越誇張，最離譜的該屬農曆過年那次了。農曆過年是臺灣人很重視的節日，也是象徵著一家團圓的日子，在外地念書、工作的家人都會在除夕夜時回家圍爐吃年夜飯，我們家也不例外。當我忙裡忙外祭祖、準備飯菜時，我又接到周先生的電話了。

「洪姐啊，我是周先生，這次我有事要拜託妳了！」

聽到他的聲音，想必又有一堆藉口了。

「這次又是什麼事啊？」我心想，今天可是除夕夜耶！

「我這次沒辦法回家過年，能不能麻煩妳……」

「等一下！」我馬上打斷他的話：「有什麼天大的事比除夕夜還重要？」

「我要陪我老婆回娘家過年啦，所以沒辦法幫我爸爸送便當了。」周先生臉不紅氣不喘地「宣稱」。

聽到這我內心一陣激動，卻激動到說不出任何一句話可以回應他，這是多麼自私的藉口，在除夕夜裡讓年邁的父親獨自留在家中，甚至不顧父親更可能面臨餓肚子的情況。

「總之，就拜託洪姐妳了！」周先生見我沒回話，立刻掛斷電話。這樣的狀況層出不窮，最後只要是周先生的來電，我都盡量不接就不接，好說歹說都勸過了，沒想到他居然還是能把照顧父親的責任交給外人。

而最後，讓我決定拒絕再為周阿公送便當的導火線，源自於此。

那一天，社會勞動者如往常時間至各家送便當，忽然我在協會裡接到負責周阿公便當的社勞人來電，他說因為門鈴按很久都沒有人回應，他擔心出事，所以趕快打電話通知我。我一聽之下更是心急如熱鍋上螞蟻，聯絡附近派出所的管區前往，也打電話通知周先生，沒想到卻換來他一副「應該沒事」的回應。

當我跟管區破門而入時，不斷地呼叫著「周阿公、周阿公」，卻一直沒有人回應。無論在客廳、廚房或是臥室，我們都找不到周阿公的身影，正想著該不會只是虛驚一場時，微弱的聲音從浴室傳來，我們一群人馬上衝向浴室。映入眼簾正是周阿公倒在浴室的地上，聲息非常虛弱，不曉得他發生意外有多久的時間了。把阿公送上救護車後，我站在他們公寓的樓下，靜靜地想了好一會兒，或許是該讓周家人盡自己應盡的責任，終於決定拒絕為這戶人家送便當。

很多時候，我是很熱心的，很願意幫忙他人的，可是這不表示我的愛心可以被濫用。周先生看準了我捨不得老人家挨餓的心態，每次吃定我一定會願意幫忙，因此讓他有偷懶的好理由，逃避自己該負擔的責任，或許我也間接成為了共犯。這次的事件讓我得到很大的啟示，雖然事後周先生幾度懇求我幫忙繼續送便當，但我最終還是沒有答應。我想，我的心力應該留給更需要的人吧！懂得說不，才能有更好的獲得。

除了周阿公的事件外，印象中還曾經誤接了某一戶有錢阿公的訂單，雖然他願意付全額便當費，但每次總是要我們一一跟他報告便當的內容，邊吃邊嫌，還不讓我們離開。後來這位有錢阿公的兒子出現了，開始指責我們亂接訂單，搞不清楚狀況就隨便送便當來給他父親吃，搞到現在他父親只願意吃我們做的便當，不肯吃他買的飯菜。

其實這位阿公倒也不是真的有多喜愛我們做的便當菜色，只是想要兒子女兒多關心自己一些，藉此吸引注意罷了！如果作為子女的都能夠用更多的心思在父母身上，這些情況就能減少一些。

4 最重要的是一家人在一起！

最乾淨應屬中間擺放的佛桌，兩盞佛燈透著微弱的紅光，好似是快要滅掉的希望。

不是每個個案，都是敞開心胸接受幫助的。特別是曾經被稱作「慈善團體」傷害過的案例，就容易對想伸出援手的人有更多戒心。

吳媽媽一家，就是這樣的狀況。這是我遇過最、最、最棘手的一戶人家了。吳媽媽上有長期臥床的老母親，下有兩位智能不足和輕微自閉的兒子，沒有人知道她丈夫去了哪。

他們住在公寓的五樓，以撿回收破爛為生。記得第一次拜訪他們時，剛踏上四樓的樓梯口，就聞到一股說不上惡臭卻難以忍受的味道，循著這氣味來到五樓，才發現源頭就是吳媽媽的家。

按了電鈴後，很快就有人來應門，吳媽媽本人就出現在我眼前，但她只打開了裡頭的木門，隔著外頭的鐵門露出她戒備的眼神，不相信有所謂送便當的事情。

「送便當？哪有這麼好康的代誌，妳們又想騙走我的回收物了吧！」聽到這我真是哭笑不得，「吳媽媽，我是建軍協會的洪姐，我們真的一直都在做老人送餐服務，很希望我們可以為妳服務。」

好多歹說，這樣的對話不斷地重覆表態後，吳媽媽似乎有比較相信了一些，溝通了很久的時間，她終於願意打開鐵門讓我到裡頭去瞧瞧。

鐵門打開後，那股難聞的味道就衝進我鼻腔裡，我眉頭皺了皺，在沒有心理準備下，就已經全盤接收、吸進了一大口。不過，至少吳媽媽現在願意打開門讓我進到她屋內，表示我已經有點進度了。還沒進到客廳，我就先被陽台給嚇傻了。差點衝口而出大叫：天阿！這可比回收場還要回收場啊！

外頭天氣正好，但陽光卻一點都透不進屋內，陽台堆積如山的「回收物」，我總覺得這根本就是垃圾堆，龜裂的植栽塑膠盆、吃過的便當盒子、保麗龍飲料杯、壞掉的鐵網、扭曲的衣架、別人不要的棉被……有一堆不該出現在這，卻偏偏在這出現成堆的東西……一堆讓我講不出、也數不清的堆積物。當下甚至找不到一條可以從陽台走進客廳的路線，吳媽媽似乎發現我「舉步維艱」，她抄起掃把走過來幫我先清出一條路，順道把紗窗門往兩旁一推，讓客廳情況直接表露在我面前，接著她自顧自就往屋裡去，突然耳朵旁一陣沙沙作響，回頭一看一隻肥碩地國產大蟑螂猛揮著翅膀瞪著我衝了過來，驚嚇之餘趕緊踉蹌地倒退兩步單手扶在半敞的紗門上，還在仔細搜索肥碩大蟑螂下落的同時感覺手臂陣陣搔癢起來，定神一瞧自己原來正扶著一扇爬滿蟑螂的紗窗門扇，我抽回手臂忍不住乾嘔了起來，一面盯著每隻爬來爬去的蟑螂，想著這應該是這輩子我看過最多、同時品種最齊全的蟑螂了吧！

這到底是怎麼樣的環境，什麼樣的人能生活在這裡？客廳一片暗色，昏沉的氛圍到處堆滿著物品，最乾淨應屬中間擺放的佛桌，兩盞佛燈透著微弱的紅光，好似是快要滅掉的希望。

「洪姐，這給妳坐。」吳媽媽好像已經見怪不怪，「我們家沒有客人來過，妳隨意。」

我擺擺手，趕忙說不用，因為我還想再多看一些他們目前的狀況。

「妳是不是嫌棄我們髒？」吳媽媽直接了當地問。

「不是，我是想說多看一下。」我嚇一大跳，拉高音量表示自己絕無此意。

吳媽媽淡淡地說：「像妳們這種的，我遇多了。剛開始都說想幫助我們，結果根本就是一堆騙子。上次有一群人還說要幫我清理回收拿去賣錢，結果清一清，我連錢的影子都沒看到。」

我嚷叫著：「話不能這麼說，也是有好人的。」

「好人？」吳媽媽忽然一笑，但卻是不屑的笑：「哪有什麼好人，都是為了自己。我兒子雖然有點自閉，不是很聰明，可是他又沒有傷害誰，為什麼鄰居要叫警察來抓他們，要把他們送到什麼單位。我們沒做錯什麼事，結果呢？為什麼要拆散我們？」

「怎麼會這樣，這也太過分了吧！」我直覺就脫口而出。

「妳現在也進來看過，我們家就是這樣，經濟來源就是靠一點補助，可是付房租、水電什麼的，就差不多了。」吳媽媽說話的過程中，總是帶著警戒心，雙眼透露出憤怒的神情。

「我們有團隊可以進來幫妳們粉刷一下牆壁，幫妳們打掃一下，讓環境更乾淨舒服一點。」我提議說。但其實我不敢保證有多少人敢踏入這裡，要是讓志工發現這種狀況，可能大家跑得比飛得還快。

「不用了，到時萬一我東西又被清光光，我要靠什麼賣錢。」

正在我試圖溝通時，吳媽媽的兩個兒子回來了。矮小、膚色暗沉，看起來大概是三十歲左右的男子從我眼前走過，不搭理人就躲進房間裡。

「不會，妳相信我啦！妳就先吃吃看我們的便當吧！反正妳吃了就知道，我們會送來的！妳一定要給妳媽媽吃。」我信心滿滿的想著，反正我便當送來，到時她就知道我不會騙她了。

於是，我請志工每天中餐、晚餐都各送一個便當去，志工反應吳媽媽都有收下，但志工也同時反應吳媽媽家實在太髒亂了，送便當過程中，總是會遇到鄰居來抗議。我想這應該是一種不可避免的因果關係，或許髒亂與惡臭的味道才是真正讓鄰居受不了的原因，所以為了讓她們離開這公寓，附近的人才會透過各種辦法一直去檢舉吳媽媽的兒子，心想如果我們可以從環境改善，或許就會有些進步。

便當送了一陣子後，我又再度來到吳媽媽居住的公寓樓下。雖然那股難聞的味道一直讓我「膽戰心驚」，可是不知道為什麼，每次看到這樣的人，就是會忍不住想幫助他們，想讓他們好過一點。

「吳媽媽、吳媽媽，我是洪姐啦！」我按了電鈴後對屋裡頭大喊，「最近天氣在變化，我帶了新的棉被要給阿嬤蓋。」這次來開門的吳媽媽終於眼神不那麼防備了，說話也比較客氣一點。我走進屋內，看到吳阿嬤坐在客廳裡，她非常瘦弱的身體，順著視線往下，看到阿嬤因長期臥床，已經萎縮的雙腿，非常不成比例。

吳媽媽告訴我，因為我們一天都會送來兩個便當，終於讓他們一家四個人有比較像樣的東西吃了。他們每天就是靠著這兩個便當分著吃，節省地過生活。目前吳媽媽最希望就是不要拆散她跟兒子，她說再怎麼困苦，都要跟

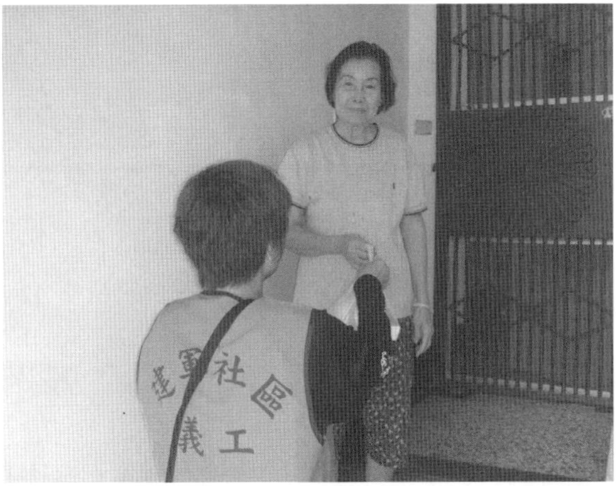

家人在一起，雖然阿嬤身體不好、兒子也不是頂聰明，但至少都是家人，這才是最重要的事情。

離開吳媽媽的住家，剛好遇到百貨公司週年慶的人潮，剛購物血拼完的人們看起來相當滿足高興，而我腦海裡卻一直想著吳媽媽一家人。

她們雖然生活很困苦，可是他們的心卻很緊密相依。我暗暗地想著，要是我可以更有能力，一定要幫助更多的人！

5 放下自私，婆媳問題不是無解！

太多婆媳或家庭問題後，對於單方面的陳述，該抱著比較客觀的心態去分析，並沒有完全的對與錯，很多時候都只是立場不同……

便當送久了，一定會聽到不少阿公阿嬤抱怨自己的兒子媳婦的，觀念不和、媳婦不孝、育兒想法不同，綠豆芝麻的小事都能拿出來批評一番。靠近建工路旁有位可憐的老婆婆，有些憂鬱症的傾向，這戶人家經過幾次深入訪談後，婆婆才慢慢穩定下來，願意稍微打開心房和我說說自己的故事。

婆婆的丈夫跟女兒在多年前，因為不同的事件先後選擇自殺結束生命，只剩兒子相依為命，但自殺事件的經歷卻影響婆婆跟兒子看待事情的角度，他們總是用比較負面消極的態度來面對事情，甚至悲觀到幾乎不願相信生命中會出現美好的希望。剛和他們相識時，有好幾次因為兒子失業，母子兩個

人都窩在家，婆婆打電話來向我哭訴，每次聽到他們生活的慘狀都會很不忍心，我偶爾也會拿錢給她們先應急，後來婆婆的兒子找到一份正職的工作，生活漸漸穩定後，婆婆臉上的笑容也多了。有一日在送便當時，婆婆拿出了一張紅色喜帖，邀請我去參加她兒子的婚禮。

「妳兒子要結婚啦？」我翻開喜帖大叫，「哇，婆婆你兒子很帥耶！」

「哪有啦！」婆婆有點不好意思，「洪姐啊，要不是有妳幫忙，我跟我兒子也撐不到現在，妳有空記得來喝喜酒哦！」

原以為，婆婆跟他兒子、媳婦一家，將和樂幸福的過下去，沒想到好景不長……

「洪姐，我們現在搬家了。」電話的那頭，傳來婆婆沮喪的聲音。

「怎麼了？好端端怎麼說搬就搬，搬到哪去了？」我震驚地問，最近雖然很少跟婆婆聯絡，但也太突然了。

「說來話長，還不是我那媳婦。」婆婆嘆了一口氣，「我現在搬到別的地方了，你們會願意幫我送便當嗎？」

「婆婆，妳媳婦不是跟妳一起住嗎？怎麼還要我們送便當？」

「她才不管我的死活呢！我們會搬家，也是因為她在外頭欠了一屁股的債，我兒子為了替她還錢，把之前的房子賣掉了，我們現在什麼都沒有了。」

「怎麼會這樣，我還以為妳媳婦應該很孝順啊。」

「哪有什麼孝順，我們住在一起，像陌生人一樣，別說為我準備一頓飯菜，就連一聲招呼也沒有，悲哀啊我！不如死一死算了。」久沒有將死掛在嘴邊的婆婆，突然又充滿悲觀的想法，嚇得我趕緊安撫她：「唉唷，婆婆妳不要激動，死也不能解決事情啊！」勸了婆婆一陣子後，答應她繼續送便當的事情，才讓她激動的情緒稍稍平復。

好不容易和兒子擁有平靜的生活，原本期待在新家人進入後能更美好，誰知反而不得安寧，雖俗話說清官難斷家務事，婆媳的問題更

是外人無法理解的，我們也只能扮演聆聽者的角色，只希望不要有再大的衝突發生。不單只是婆媳的問題，不少世俗的眼光聽到兒子女兒不撫養父母的事件時，有絕大部份的人會指責後輩的不是。

在我的印象中，曾經送過一戶人家，兒子女兒面對自己的母親總是表現出很不屑的態度，訂了便當後只請我們按時送達，剛開始我很不解，覺得怎麼會有兒子女兒把自己的老母親丟在家中，任憑她生病也不聞不問，事後終於在鄰居的口中，我才慢慢拼湊出事情的真相。

原來這戶人家的男主人過世得早，這位媽媽年輕時，就帶著家裡的錢財跟人跑了，遺棄了一雙兒女，幸好這對兒女也夠爭氣，長大後都有各自的事業與家庭，就在他們以為這輩子不會有機會再見到母親之時，他們的媽媽又忽然出現了。警察通知他們母親現在正在某某養老院中，他們才知道拐走母親的那個人，因為嫌棄母親一身病痛，所以拋下母親走了。

面臨這樣的狀況，對於母親有再多的同情都沒有用，小時候被拋棄的記憶，已經在孩子心中留下的傷害，這種對母親又愛又恨的情感，當然不是我

們外人可以理解或是勸解的。

看過太多婆媳或家庭問題後，對於單方面的陳述，總能抱著比較客觀的心態去分析，或許並沒有完全的對與錯，很多時候都只是立場的不同，各自堅持，沒有考慮對方感受，只自私為自己，最終才導致家庭失和吧！

6 困境裡的正面力量

即便生活的環境這麼困苦，卻還能這麼正向面對，這樣的態度與精神，默默感染到身邊與她接觸的人！

有些阿公阿嬤行動不方便，但偏偏他們又住在高樓，便當送久之後，不少人會把家裡鑰匙交給我們，由我們自己開門上樓送便當。

有位阿嬤很特別，她跟她的女兒相依為命住在一起，當時我們是接到好心人士的通報，所以才開始跟她們有所接觸。還記得我第一次走上四樓，來到她們家視察時，我按了電鈴後，過了很久很久才有人來應門。

暗咖啡色的大門慢慢的打開，裡頭有隻小狗在吠叫，是一隻土色的吉娃娃，聲音很尖銳，聽久了耳朵有些不舒服。來開門的是一名女子，看不太出多大年紀，她略有戒備的眼神，讓我趕緊自我介紹：「妳好，我是建軍社區發展協會的洪姐，想來問問看妳們需不需要我們幫忙送便當？」

她不發一語，轉身就往屋裡頭走去，然後就失去身影。我愣愣的站在陽台，那日剛好是晴天，窗外的陽光透過已經生鏽不堪的欄杆投射進來，有一點光影，上頭掛著幾件正在晾曬的衣服，散發著洗衣精淡淡地香氣，令人感到舒爽與心安，也讓我不那麼緊張。

「入來坐啦！」一聲口齒不清的叫換，把我心思拉回到現實，我連忙回應著說：「賀，我來啊！」踏入客廳後，環境看起來相當整潔，東西收拾得很乾淨有條理，我想這應該是一戶還算可以自理的個案。

招呼我的是一位坐自輪椅上的阿嬤，因為長時間坐在輪椅上四肢都已經萎縮，臉和嘴巴也不知為何歪斜得很厲害，眼睛眉毛都擠在一起，但卻沒想像中的可怕，因為她的聲音很有元氣。我說明來意後，阿嬤非常感動，一直拉著我說話，我看著她眼角噙著淚，斷斷續續用著口齒不清的話語，努力想表達她的感謝，大概就是已經很久沒有人關心她們了，而她總是被困在這輪椅上，哪也不能去，好想跟人說說話。

「洪……姐啊，感謝……啦！」阿嬤很用力的說著。

「沒什麼，我們一定會按時送便當過來的。」我拍拍她的手背，有點心疼她的模樣。

「勞……力了，我們……哪裡……都不能去，謝謝……妳來……看我……們！」

從她的談天中，大概可以知道這屋子裡只有阿嬤跟她女兒，平時都是女兒在照顧她，她們沒什麼親戚朋友，大部份時間都在家。為這位坐輪椅的阿嬤送了一陣子的便當後，阿嬤開始把家裡的鑰匙交給我，讓我自己開門進來，也是這時候，我才開始發現阿嬤女兒的問題。

永遠都忘不了那一次，我第一次使用她們家鑰匙開門時，突然嚇傻了！我看到一位全裸的女人，在客廳裡走來走去，雖然我自己也是女人，但忽然開門看到這樣情形，還真的是有股說不出的尷尬感。阿嬤的女兒看到我，倒沒有什麼表情，一樣很自然的光裸身子走來走去，反倒是我渾身不自在，不知道該把眼睛擺在哪裡，匆匆放下便當後就離開。

這樣的次數久了之後，我慢慢地見怪不怪了。我後來才從鄰居口中得

◆員警和阿公阿嬤感情好得像家人。

知，阿嬤的女兒精神狀態時好時壞，但是不會有傷害別人的舉動，唯一讓人感到困擾的，就是覺得自己裸體沒什麼不對的，即便有外人在場，她也不以為意。看到這個情況，我和丈夫討論後決定前往附近派出所，請員警們能加強巡邏維護她們的安全。

我們除了幫忙獨居老人用餐外，也會把比較特殊的個案通報警局，特別是像阿嬤跟她女兒都是弱勢婦女，而女兒又常常裸體出現，需要特別被保護關切，幸好和福德派出所通報後員警們都非常熱心的幫忙，尤其是郭勝雄所長和陳登勝警員，除了例行的巡邏，常常在空閒時自願性的加強巡邏，確保阿嬤們的安全。

派出所的員警們在我送餐的生涯裡，是一雙默默出力的手，給了我們很多的幫助，不僅在管理社勞者上常給我相關的建議，當我們人力不足無法和阿公阿嬤多聊聊時，他們也會適時出現一起分擔照顧問候老人家的工作，他們的努力溫暖的老人家的心，許多獨居的老人家們總是愛說：「一個人生活電視就像老伴，這些警察就像兒子一樣啊！」

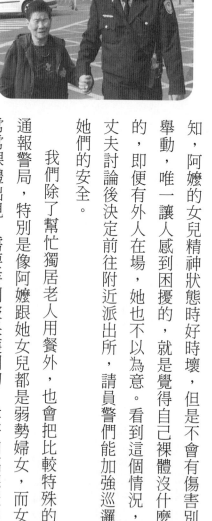

後來這戶阿嬤我就交給之後的社會勞動者去負責，因為案例太特別的，所以在挑選人選時都由女性負責，以免會有問題出現。雖然已經有一陣子沒去探望阿嬤，但仍會從送餐的社勞人口中談到阿嬤家的事。阿嬤一樣愛聊天、阿嬤的女兒一樣會忽然裸體出現，那隻吉娃娃一樣很愛吠叫，但大家每次幫她們送完便當後，總是會得到正面的鼓勵，這是我當初始料未及的。

仔細想想，阿嬤家裡的經濟狀況不好，而她又長期待在輪椅上，但每當送便當看到她時，她總是笑容可掬，從來沒有露出過一絲洩情緒性生氣或埋怨他人的話語，反而還會擔心自己話說不清楚，怕對方聽不懂。

即便生活的環境這麼困苦，卻還能這麼正向面對，這樣的態度與精神，默默感染到身邊與她接觸的人！後來有不少社會勞動者因為送了她們家的便當後，讓原本愛抱怨、易怨天尤人的心態，悄悄地轉換了，而阿嬤因為有社會勞動者的關懷與陪伴聊天，也越來越開朗。

我從沒想過在獨居老人與社會勞動者兩種不同的社會身份，居然也能互相幫忙。這樣的一個契機，讓我重新思考兩者在潛移默化中得到的收穫與慰藉，或許這對他們或對建軍協會來說，都是一種新的可能。

第四部　他&她
——社會勞動者加入了！

因為一股傻勁，我投入了老人送餐的領域；同時也因為自己樂觀的天性，開始申請並管理社會勞動者……

有時候我不禁想「哪一天我會被自己傻勁給累死哦！」

1 第一批社會勞動者

在沒有經驗又害怕的情況下，只能盡我想到的辦法去努力維持社會勞動者與我們彼此間的平靜。

社會勞動者的出現，其實是在一種莫名其妙的狀態下，不小心就繳出的申請表。即便到現在，我還無法確定這樣的決定是對或是錯，倒是最終應該還是要歸咎於我那傻傻的個性吧！

那年，當我正面臨人手不足，志工短缺的情況下，我收到地檢署寄來的一張通知單，上頭就寫著「社會勞動者」的相關介紹，並且還說可以依單位需要提出申請。平白無故就可以有人力加入，真的假的？在我還來不及弄清楚「社會勞動者」到底是什麼時就先被「誘惑」給沖昏頭了。

我興致勃勃地打電話到地檢署去詢問，那兒負責的人請我帶申請書過去，但當時我根本沒有時間弄懂這些細節，我只關心這些人力要怎麼來。最後地檢署告訴我，他們在未來的幾週後，應該會有一場說明會，請我先報名參加，到時說明會中會有他們對社會勞動者的相關說明。

原來還要參加什麼說明會、填什麼申請書才會有人力啊！我在電話中聽完說明後，只覺得手續真是麻煩，還不曉得有沒有時間去參加什麼說明會，只好先把社會勞動者的通知單擱在桌上，就繼續去忙其他事了。日子過著過著，就來到說明會那日。說那也巧，說明會的那天早上，我瞄到桌上放的社會勞動者報名表單，心想：「大概也是緣份吧！不如就去聽聽看吧！」

等我進到說明會現場後，發現會場裡頭大概有六十幾個單位，看完都嚇傻了，怎麼這麼搶手啊！當時社會勞動者制度剛在推廣宣傳，說明會裡有第一批申請的單位正在現身說法。

那場說明會的主持人是鄰近社區的負責人，他一看到我，便很熱情過來打招呼，還跟地檢署的那些人推薦我們建軍社區。其實我很驚訝，因為我並不認識那位主持人，而且他應該也只知道「建軍」兩個字，沒想到就獲得推薦。他還很開心地說：「洪姐，妳在做送餐服務，來申請社會勞動者很適合。」一天真如我，那時以為社會勞動者就是有新的人力可以來協助我們送餐，所以便開心地申請了建軍社區的第一批社會勞動者，壓根兒沒考慮過後續的效應與管理問題。

申請社會勞動者的事情就這樣塵埃落定，等著第一批社會勞動者來到社區的同時，地檢署也通知這一批社會勞動者有八位，大部份都是因為飆車、酒駕、討債等罪行進來服勞動役，裡頭每個人的年紀相差很大，從十八歲到六十九歲都有，實在很難管理。正當我跟第一批社會勞動人還處於彼此觀察期時，地檢署又通知有一位社會勞動者即將從另一單位來到我們這兒。在這位社會勞動者來到建軍前，我接到一通電話，也成為我對「社會勞動者」最有印象的一通電話了。

「請問是建軍的洪姐嗎？」電話那頭傳來渾厚的男聲。

「是，我是。請問你哪裡找？」

「我喔，我是明天要去你們那邊的那位社會勞動者。」

「啊是喔，您好，請問有什麼事嗎？」

「妳知道我是因為什麼罪來服勞動役的嗎？」電話那頭的聲音聽起來有點玄機，這樣猜不透的感覺真讓人討厭。

對方見我不答話，便自顧自地繼續說：「我是恐嚇罪所以才來作社會勞動役，希望妳要好好照顧我，挑個好工作給我做。」

為了「恐嚇罪」這三個字，我真是日夜難眠，東問問、西問問，到底什麼是「恐嚇罪」，就連作夢都在思考要怎麼應對他，有什麼好方法可以整治他，甚至我當下還覺得自己腦袋真是有問題，幹嘛沒事搬石頭砸自己的腳。等到他出現的那一天，我反而有點不知所措。原本在腦海中對他的負面想像，倒是沒有出現，並不如想像中那麼邪惡的臉孔。剛開始幾日，我一直維持著小心翼翼的態度來接觸他，時間久了後，倒也不覺得有什麼可怕之處。後來我們都叫他阿少，經過幾次的閒聊，他才說出為什麼會到建軍來的原因。

阿少以前是討債為生，專替地下錢莊、高利貸、賭博等不法集團進行討債工作，因為某次的警察查緝時，被找到家中放有討債的相關工具等證物，因此被法院被判處社會勞動役。

「洪姐，我原本是在高雄某公所服役，不過因為我住在別區，每天到那邊去實在太遠了，所以後來我才轉調到建軍來。」阿少率性地直說：「拜託，以前我去那裡，他們根本不敢叫我做事，我後台很硬的，平常我只要負責去簽個名，然後就能走人了。」

「是啦，還委曲你到來這揀菜、挑菜。」聽到他這麼說真是讓我又氣又好笑。

剛開始我也不敢讓他們去送餐，怕會嚇到鄰居跟獨居的阿公阿嬤，唯恐會引發出其他問題。最後我替他們幾位社會勞動者分組，阿少跟兩位年輕人同一組，剛好那兩位年輕人也都是賭場出身，在他們互相聊天後，沒想到他們三個人居然都有認識的共同朋友。（大概也是賭場的共同好友吧！）

工作分配完後，大家就輪流在廚房打菜、分便當、到社區掃地，不過他們一行人的氣質實在太引人注目了，所以只要跟他們相處，我的眼睛就無法休息，每天都要睜大眼盯緊他們的一舉一動，從早到晚都緊張兮兮的，把我搞得人仰馬翻，精神耗弱。

「洪姐啊，這些人是哪裡來的啊？怎麼忽然有這麼多人？」鄰居語帶保留的試探著我，「應該不是什麼奇怪的人吧？」

「不會啦，他們是政府派來的志工，安啦，我會帶領好他們的。」躲過鄰居的試探，還是躲不掉大家的眼光啊！

因為當時社會勞動者可以服晚上的勞動時數，所以我幾乎從早到晚都與他們相處在一起，等回到家時，已經都三經半夜，壓力大到累攤了，丈夫每次看我疲累的模樣，都問我到底在忙什麼，沒事幹嘛去申請社會勞動者來協助，搞到現在反而自己還更累更忙。聽到這樣的質問，我亦相當無奈。

「我也不知道地檢署會給我這樣的人啊，早知道就不要了。」再者，這批社會勞動者才剛來一個月，也不是我想「退貨」就可以隨便說不要的，只好咬牙忍下來，繼續讓他們留在建軍社區。

回想當初害怕這些社會勞動者會很難管理，或是危害到我們以及社區的安全，雖然地檢署拍胸膛保證：「絕對會保護你們！」不過當事情發生時，很多都是一瞬間的，怎麼會來得及呢？

在沒有經驗又害怕的情況下，只能盡我想到的辦法去努力維持社會勞動者與我們彼此間的平靜。和長期協助我們送餐服的員警討論後，一開始先採用柔性的勸導。買東西討好他們、好好的說、稱讚他們，盡量不要讓他們亂跑、爭吵、糾紛，甚至於他們「畢業」時，還給他們紅包兩千元，恭喜他們服役期滿，可以離開這裡繼續正常的生活。

除了紅包之外，我還曾經還帶他們去吃過高級餐廳。當時我們辦了一個服務社區的活動，現場大概有十位社會勞動者，為了獎賞他們，我宣佈中午帶他們去吃石頭火鍋，約好時間後就各自解散。

沒想到時間一到，我跟丈夫走進餐廳時嚇了一跳，明明一桌十個人的位子，居然硬是擠了二十位社會勞動者，我的天啊！這些人是從哪裡來的？私下找了一位社會勞動者來偷偷問，才知道有人去通知其他沒有參與活動的人，說是「洪姐請吃飯了！」大家聽完後，說是要給洪姐面子，所以沒事的全都跑來吃午餐。好吧！人都來到眼前了，又不好意思當場叫其他人回家，

1. 第一批社會勞動者

只好席開兩桌，硬著頭皮吃完這頓午餐。結果更慘在後頭……

大概因為同聚一堂，過度歡樂的關係，吃飯喝酒，全都喝開了，大家喝得醉醺醺的，結果下午都沒有社會勞動者來上班，全都翹班了！打電話也聯絡不到人，只好我跟丈夫獨自把餐食煮完分送……反而累死自己，真是慘痛的經驗。只能說，在當時除了要負擔阿公阿嬤的餐費外，還要負擔他們一些花費開銷，還有應付一堆莫名其妙忽然出現的問題。為了不讓他們鬧出事端，只好處處忍讓，只求第一批社會勞動者順利離開。

好不容易送走了第一批，第二批社會勞動者又緊接著報到。原本不想繼續申請，但沒想到這個社勞人的機制是：只要有人畢業，地檢署就自動會補一位社會勞動者過來。所以就只好持續跟社會勞動者相處下去。

戰戰兢兢跟社會勞動者的相處模式，就這樣延續下去，從第一批、第二批……，來到第四批社會勞動者時，終於有所改變了。

2 詐得慘兮兮

我自己思考反省後，覺得或許是管理上出了些漏洞，對大家太好，反而會被視為理所當然。

第四批的社會勞動者有十來位，大家在相處過後感覺都算正常，沒有過於特殊的情況。所謂的「暴風雨前的寧靜」，大概就是在指這樣的事件吧！

阿岳是這批的社會勞動者裡，算是最有書卷氣的中年人，談吐也很有內容，與一般社會邊緣人的說話不同，聽起來總是很有內涵。工作之餘，他時常拿著佛經、佛珠或是書在研讀，行為舉止很與眾不同。

有一日工作後，他面露難色的來找我，告訴我他的母親因病住院，急需要用錢，加上自己帳戶被凍結，一時之間他也不知道該怎麼辦，所以來找我商量，希望我能借點錢給他。

「現在我都在照顧別人的爸爸媽媽，結果自己的阿母住院，我居然顧不到，出不上力，連點錢也出不起。唉……」

聽到這兒，我有點鼻酸，畢竟在我接觸過的阿公阿嬤中，遇到過這樣的情形很常見，加上自己也總是在照顧別人的父母親，對於自己住在鼓山的母親也大多是比較忽略的狀況。雖然地檢署有規定管理人不得與社會勞動者間有金錢的往來，但偏偏事出緊急，於是就借給阿岳五千塊，先讓他去繳住院費用。錢借出去後，我就慢慢淡忘這件事，雖然阿岳當時有說畢業後會還我錢，但因為他也一直沒有收入，所以「還錢」這事就不了了之。

事情的爆發是出現在第五批的社會勞動者裡。在第五批的社會勞動者中，有一位是因為車禍而進來服勞動役的年輕人，他叫紀仔，剛大學畢業服完兵役沒多久，卻因為車禍事故的關係，來到建軍作社會勞動役。

有一日，紀仔跑來站在我身邊，像是考慮很久後終於跟我開口「洪姐，那個阿岳前陣子跟我借了三千元，都一直沒有還我錢。妳也知道，我剛退伍沒多久，還沒找到工作就先到這邊來服勞動役，沒什麼存款，也不好意思跟我媽媽開口要錢，可不可以麻煩妳幫我跟阿岳說說看，能不能先還我錢？」

「三千元？」我聽完之後嚇了一跳，「他跟你借錢？什麼時間借的？」

「對啊，借了有一段時間，可是他一直沒錢還我，我也不知道該怎麼辦。」

這件事不得了！在我開始著手調查阿岳借錢的情況時，社會勞動者間也開始有些傳言，大家都在互相討論誰借了阿岳多少錢，一問之下發現情況很不對勁，原來同樣的話，阿岳幾乎跟每一個人都說過。

「洪姐，妳有沒有把錢借給阿岳啊？我們都有耶！」那陣子大家相遇時的聊天內容，就是在講阿岳跟大家借錢的事情。我怎麼敢說我有借錢給阿岳呢！當然是矢口否認這件事，沒想到回家跟丈夫說起這件事時，丈夫忽然停頓不語，我看了他神情後，就知道連丈夫也把錢借給了阿岳！

「因為他跟我說他媽媽住院的事情，所以我也借了他一萬五千元……」當丈夫說出數字時，我真是感到又好氣又好笑。

最後我把阿岳找來，讓他先把三千元還給紀仔，苦口婆心地勸他：「紀仔才剛退伍，也沒什麼錢，你先把三千元還給他，你欠我跟理事長的錢，再

慢慢還就好。」

阿岳當下滿口承諾，說是會先把錢還給紀仔，結果後來這三千元，又跑去跟同一批的社會勞動者借錢，挖那洞補這洞，借別人的錢還另一個人的錢。當我開始去調查阿岳時，才知道他到底為了什麼原因要來服社會勞動役。原來他是詐欺被判刑，來到這兒居然也沒有收斂，藉由大家的同情心，反而變本加厲從身邊的人下手欺騙。

「洪姐，你有沒有被詐啊？我們每個人都被詐掉了呢！」在大家的逼問下，我才說出被詐兩萬的事情。這兩萬元的借據現在還在我家，但即使有借據也沒有用，他就是還不出錢，只好一直欺騙別人來借錢還錢，就算提出告訴，他頂多又是用社會勞動役來還錢，日復一日的循環罷了！

原來詐騙就是這樣！

大家都笑我，說我應該是很聰明的，要管理一堆社會勞動者，怎麼還會被詐騙呢！我自己思考反省後，覺得或許是管理上出了些漏洞，對大家太好，反而會被視為理所當然。從那時候開始，我就不再發紅包給社會勞動者、也不再請他們吃飯。或許也是因為社會勞動者已經來到第五批，我的個性已經被前便幾批的人磨到圓滑，也逐漸掌握他們的性子，比較不害怕這些人，越來越知道怎麼管理他們，除了適時的「討好」外，已經慢慢有管理者的姿態出現。

這樣的管理方式，在來到第十批的社會勞動者後，又有所改變。

3 班長的出現

企業家終於對我們的「送餐服務」有了更深一層的認識，了解「送餐服務」是吃力不討好的事，而我們對阿公阿嬤的照顧，根本已經不計較後果了。

社會勞動者終於來到了第十批，不過可別以為社會勞動者都是社會邊緣人，在這些人中，有些人的身份也是不容小覷的。在第十批的社會勞動者還沒到協會前，我就不停地接電話，這些電話都跟某個人有關係。

第一通電話：

「洪姐，妳們建軍是在做什麼的啊？去那邊做社會勞動役都是從事什麼工作？會不會很粗重啊？」這是某一里的里長比較含蓄的「關心」電話。

「我們就是在做老人送餐啊！」剛開始我還不瞭解他話中的意思，一五一十回答他。

「我有個朋友過不久要去妳那邊工作，妳可不可以安排一個比較好的職位給他？」

第二通電話：

「洪姐，我們有個朋友即將去妳那邊，妳記得要挑個比較適合他的工作給他做，不要太操勞的。」這是政府機關某一局的科長來電，很直接表明意圖。

聽到這我就詫異了，但礙於他的要求，以及給對方有個臺階下，我只好回應：「好啦！我會好好的安排他的位置，給你一個『好』的交待。」

第三通電話、第四通電話……第十通電話……總之，打電話來的人，都是在社會上有些背景的大人物；談話的內容大抵都是關說、關切居多，而且都是為了同一人。這樣的情形並不多見，一般的社會勞動者很多都是社會邊緣人，根本不會有什麼被關說的狀況，所以可見在這批即將來到的社會勞動者中，肯定有位是身份地位比較特殊的。

由於先前都不知道名單有誰，所以就連我也一直期待這一批的社會勞動

者到來，想瞧瞧看到底是哪位「朋友」這麼夠力。第十批的社會勞動者中，共有十五個人，人數可說是非常多，至今我仍印象深刻。那天有十四位社會勞動者都報到完畢，就連前幾天打電話來關切的有些人都到場，最後一位社會勞動者，也是關說中的主角才姍姍來遲。

原來這位主角，是位有名的企業家，因為擔心被認出來，所以最後才出現。當下我真是覺得麻煩，關說的人還在旁邊，又不能隨便挑個工作給他做，真像個燙手山芋，扔到誰手裡都不是。要挑個輕鬆的工作，又要適合他的……什麼最好管、什麼最不好管……我靈機一動，脫口而出：「我們每一班，都有一個班長，在這十五個人，不如你就當這一班的班長吧！」

其實，這段話是我胡扯的，班長這職缺是第十批才出現，為了「他」而出現的。人力看起來簡單好管，其實不然，身為企業家，在管理這領域應該很駕輕就熟，那這整班的人事工作分配就交給他去處理了，關說的人似乎也對這職位很滿意，工作職缺跟內容就這樣確定下來。

在第十批的這十五個人裡頭，有些人是因恐嚇、詐欺罪來到這裡，身份複雜，都不是很友善，一堆刺青、愛鬼混的人，裡頭最善良應該是一位音樂老師。

觀察幾日後，發現企業家來上班時，都會有員工陪同，我想這不是辦法，早晚會被其他人「看破腳手」，後來我跟他商量，請他不要有員工同行上班，有司機載送沒有關係，但至少不要在這附近接送，盡量在遠一點的區域讓他步行到協會裡。

隔日我上班時，發現廚房裡有一堆盤子未清理，我呼喊大家來清洗後便去忙其他事情，過不久再回到廚房裡查看時，發現企業家居然蹲在水盆前洗盤子。

說。

哇！企業家會洗盤子哦？

「班長，你怎麼不去叫他們洗盤子？」

「沒關係啦，我洗就好了。」企業家揮著捲起袖子的手，一臉尷尬的說。

企業家每天上班前，都會買小點心、飲料請大家吃，我深覺不妥，請他不要這樣做。害怕他的身份有天若是被其他社會勞動者發現，會有其他事端，特別在上次「詐騙者」事件後，我現在都特別小心處理。後來因為送便當的人力有缺，我便詢問他願不願意到外頭去送便當給阿公阿嬤，這樣一來也可以離開整日在廚房洗盤子的窘境。

企業家接受這個任務，並且開始了他送便當的日子。當然，便當不能假他人之手，即使他有員工可以指派，但我仍告誡他：「要是讓我發現，或是有阿嬤或阿公跟我反應，送便當去的人不是你，你的勞動服務時數就全部取消。」

有一日送完便當後，大家回到協會休息，只有他一個人默默坐在公園的涼亭裡，我好奇地走向前查看，意外發現他紅著眼眶。

「班長，你是怎麼啦？是眼睛不舒服在哭嗎？」企業家有些不好意思，他嘴唇動了動，好像要說什麼，卻都沒有出聲音。

「要去看醫生嗎？」

「洪姐，不是啦！我今天去送便當時，其中有一位是獨力照顧智能障礙兒子的陸阿嬤。」

我狐疑地看著他，「我知道啊，阿嬤怎麼樣了嗎？還是她們有身體不舒服嗎？」

「沒有。」企業家吞了吞口水，才說：「只是今天我把便當交給她，轉身就要走了。沒想到她卻突然緊緊地拉住我的手，我以為她有什麼事要跟我商量，結果……結果她就很認真地看著我跟我說謝謝。我聽到時，剛開始是嚇一大跳，後來阿嬤就一直哭，一直跟我說謝謝。」

陸阿嬤今年已高齡73歲，家中還有一位40多歲的兒子，

兩個人一起生活在一間壅擠破舊的平房裏頭。阿嬤的兒子小時候因為高燒不退導致腦部受損，至今仍無法獨力生活必須依賴阿嬤的照顧，但隨著阿嬤的年紀增加，早已無法負荷一般勞力的工作，只能四處收取回收物和政府每個月六千元的補助金維生。但六千元的補助金半數以上都必須繳納房租，所剩下來的餘額常常連維持基本的生活都有困難，就連看醫生對阿嬤來說都是一種奢求。這幾年阿嬤因為眼球病變，導致雙眼通紅，視力逐年衰退，但就算如此阿嬤還是不願意到醫院接受治療，因為心中牽掛著兒子，擔心萬一手術出了差錯，自己就再也無法照顧他，只能拖著衰老的病體咬著牙硬撐著。

陸阿嬤的故事徹底改變企業家對送餐工作的想法，他釋懷地說：「看到阿嬤這樣，我忽然就覺得……沒有什麼事情是過不去的，何必計較什麼勞動時數、管什麼服社會勞動役是很丟臉的事……」企業家嘆了一口氣：「唉，之前我還覺得很丟面子，遮遮掩掩，這種小事在心裡計較掙扎好久。」

「那你現在放下了？」

「是啊！比起計較這些芝麻小事，我覺得阿公阿嬤他們的事重要多了，送便當這件事對我來說，變得更有意義。」

這件事之後，我觀察到企業家似乎對於「社會勞動者的身份」慢慢接受，也跟其他社會勞動者處得越來越融洽，不會帶著異樣眼光去看待這些人，無論是去社區掃地、倒垃圾、清潔廚房……等等雜事，也更能夠好好地、用心甘情願的心情去完成。

我想，當初他應該跟一般人一樣，只聽過社會上有人在做「送餐服務」，可是大眾對這樣的服務都是半信半疑的態度，甚至我也遇過有些人比較直接，會跟我說：「那妳拿了多少好處（利益）？」但實際去送餐之後，企業家終於對我們的「送餐服務」有了更深一層的認識，更了解社會上所謂的「送餐服務」，根本是吃力不討好的事，特別是像我們對阿公阿嬤的照顧，根本已經不計較後果了。

除了企業家之外，我還記得有一位社會勞動者讓我印象很深刻，他也教了我很多管理上的技巧與方法。

這位社會勞動者叫阿宏，他來自南部某處的監獄，是一位管理受刑人的

長官。這位阿宏來的時候，開玩笑說過：「我在監獄裡專門管理這些受刑人的，沒想到今天我居然來到這裡受妳管理約束，真是好笑。」

我聽了也覺得好笑，似乎真有點那麼諷刺，但「馬有失蹄，人也會犯錯」，重點不該是社會地位或是身份職業，而是勇於面對錯誤，不逃避自己的責任，才是正確的道路。阿宏服役滿四十小時後，要離開前跟我說：「洪姐，妳真的很厲害！有辦法管理我們這一堆人，大家知識水準都不同、各有各的來路，我在監獄裡管理受刑人都要累死了，沒想到妳一個女人家居然有辦法約束大家。」

不過阿宏也傳授了我幾招管理的秘訣，像是：社會勞動者一來，先不要對他們太好，以免養壞他們胃口。應該先「下馬威」，說明遊戲規矩跟賞罰，還有要作好「溝通」。協會裡的社會勞動者是一批一批的來，總是會有老鳥跟新人交接的問題。有些老鳥會因為有新人進來，所以偶有懈怠、放鬆的情形；有些新人埋頭工作之時，看到老鳥似乎都不做事，就會有怨言出現了。

這個時候就需要我出面作「溝通」的橋樑，或許老鳥的確有些會有懶散的心態，但畢竟在協會裡，大部份的工作都是倚靠人力的支援，從採買、挑洗、烹煮、包便當、送餐等等，老鳥也會擔心：萬一我畢業了，新人還不上手怎麼辦？因為他們已經實際的參與過協會的活動，明白我們的困境，更多時候會有「愛之深、責之切」的心情，更希望這些新人可以快一點步上軌道，一同協助，難免就會在言語上作指導。

將這樣的兩方的心得彼此溝通後，讓誤會減少，達到氣氛好、有效率的工作環境，也是我在社會勞動者身上慢慢學到的事情。

4 社會勞動者的反思

社會勞動者因為與老人家接觸而被感化，獨居的老人家因為被這些社會勞動者長期的關懷與安慰，內心也有所慰藉，彼此勉勵，反而讓整個送餐活動有其重大意義，這是誰也沒想到的結果。

管理社會勞動者到現在，其實讓我最感動仍然是看到社會勞動者有所改變。通常他們的改變，都會來自送餐時，跟這些需要幫助的阿公阿嬤接觸。很正常的，人因為認識、相處久了，逐漸會有感情存在。在這些社會勞動者每日兩次的送餐中，難免都會跟阿公阿嬤聊聊天，有空閒的話，就會幫忙整理、清掃家裡，曾經還有社會勞動者自掏腰包幫阿公阿嬤加菜。

大部份的社會勞動者都來自社會的邊緣人，通常或多或少都會有些家庭問題，撇開這些人不談，所謂「家家有本難念的經」，就算是正常家庭，也都難免會有些爭吵糾紛、婆媳問題的發生。因此，每當這些社會勞動者送餐久了，跟阿公阿嬤培養了一定的默契時，多多少少就會開始聊天，彼此關懷。

有些阿公阿嬤比較好奇，會主動詢問社會勞動者為什麼來到這兒服役。大概是由於認識久了，或是心事悶久了，又或者是覺得告訴阿嬤也不會有什麼問題，便會如實告訴阿公阿嬤們自己的事。阿公阿嬤聽完了社會勞動者的故事時，往往也會以自身的經驗跟他們分享交流。在這樣的互動過程中，彼此在對方的經驗裡得到解答或情感上的安慰，讓心態有比較好的平衡，這樣工作之外又能互蒙其利的情形還滿常見的。

多年前曾經有位阿嬤，年輕的時丈夫便去世，卻跟媳婦處不好，後來兒子一家搬離開原本居住的地方，留下母親獨居老家，往往好幾個月才回家探望母親一次。諷刺的是，這位阿嬤明明

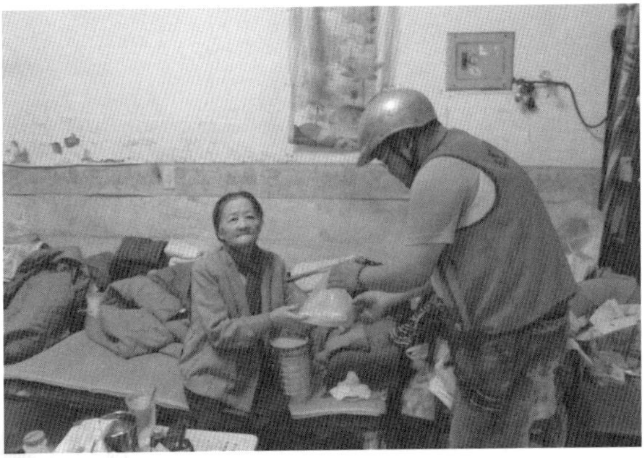

有兒子、媳婦，卻無法享受子媳在身邊奉養的天倫，反而讓母親三餐靠我們建軍來照料，每次聊到這位阿嬤時，我們總有很多感嘆！

負責這位阿嬤餐食的社會勞動者是阿碰。

阿碰是一位中年男子，因為喝酒誤事所以被分發到建軍來服社會勞動役。阿嬤後來知道他的原由後，老是拉著他的手，嘮嘮叨叨地碎念著：「阿碰你不要再喝酒啦，機車要騎慢一點啊……喝酒就不要再騎車啦……」

要是被自己的母親這樣嘮叨，大概就已經不耐煩扭頭就走，不然就是對母親大吼大叫要她不要再囉嗦。沒想到阿碰反而默默聽著阿嬤碎念，也沒有一絲的不耐煩。事後阿碰才說：「以前很討厭我媽這樣雜唸，整天只知道在我耳邊細細念，好像把我當作長不大的小孩。現在忽然聽到阿嬤這樣說話的方式，讓我想到在家鄉的媽媽。」

「那你為什麼不回家啊？一直在外流浪？」

「哪有什麼辦法。」阿碰無奈地說：「我跟阿嬤的兒子一樣，以前我就像夾心餅乾，整天被我媽跟我老婆疲勞轟炸。兩個人觀念不合，誰也都沒有錯，搞到最後錯得好像是我，最後乾脆跟我老婆搬出來住。」

「什麼啊！」我聽完很驚訝，原來阿碰跟那位阿嬤所遇到的情形很相似。

「誰不想跟媽媽住？但誰想要每天都被罵？」阿碰繼續說：「不是我不孝順，像現在我每天都幫老人送餐，我也會想到我媽媽現在是誰在照顧。可是她的個性就是這樣，保守又講不聽，很難溝通的。」

最後，阿碰他說：「想想，我媽也真可憐。辛苦把我拉拔長大，結果我娶老婆後就離開她身邊，也難怪每次回去時，她脾氣不好，對我就更兇、我也就更不耐煩、更討厭回家看她。」

阿碰在這位阿嬤的身上，聯想到自己的經驗，也同時想念起遠方的母親。但孝順與否的定義，並不是那麼簡單表面就能判斷的。或許阿碰也想要好好照顧自己的媽媽，但彼此的個性就是容易產生摩擦，最後搬離開原先的住處。面對這樣的困境與難以解決的棘手問題，就算是正常的家庭也不知道該怎麼辦吧！但至少這樣的事情，已經讓阿碰開始去正視這些問題，也開始

因為阿嬤所訴說、所親身感受到的角度，促使阿碰慢慢懂得去站在對方的立場去反思。

每位獨居老人，都有他們自己的故事；而每位社會勞動者，也都有自己的生命經歷。有些時候我們所看到的結果，只是表面，或許有更多深層的原因，是我們不知道的，或者，我們知道之後，會更不勝唏噓吧！

許多社會勞動者常主動關心阿公阿嬤的一些生活鎖事，偶爾也會為她們排解苦悶心情、或是協助一些雜事，甚至於婆媳問題、鄰居問題……等等，有很多事都需要替他們調解。社會勞動者因為與老人家接觸而被感化，獨居的老人家因為被這些社會勞動者長期的關懷與安慰，內心也有所慰藉，彼此勉勵，反而讓整個送餐活動有其重大意義，這是誰也沒想到的結果。

從民國九十八年申請社會勞動者到社區來幫忙，到現在也已經快四年的時間了，我從害怕的心情，已經轉變成坦然；在管理上，從時時刻刻緊盯著，到現在就算我不在協會裡，他們也已經可以自己處理好大小事。特別是有些社會勞動者畢業後，也願意留下來協會幫忙，像是小貓、律師等，有了他們的加入，無論是理念或是管理上，越來越順利。

我感到最慶幸也進步最顯著的就是，對於這些社會勞動者，我再也不用低聲下氣、也無需事事討好的態度來跟他們相處，現在他們都可以做好本份的事，不用額外操心。這樣的相處情況達到了一種互信的態度，他們能為自己的工作負責，而我也不用一直擔心害怕。除非有什麼重大問題發生，才需要我出面調解，至少截至目前為止，我對現況是最滿意的了。

第五部　我的左右手

建軍社區發展協會的關懷據點，雖然地方不大，但卻相當乾淨。從熱鬧的大道上轉進老舊社區，接著從廟旁窄到只能一人通行的巷子裡鑽入，然後才是建軍社區發展協會的門面。說是辦公室，但其實根本是複合式的場所，有客人時可以當客廳，開始摺製蓮花、元寶時就變成手工教室，忙碌時就是辦公室，接聽電話、上傳照片，都有專人負責。

這個專人，其實也是從我們這兒畢業的。

畢業這個說法，就像是坊間流行的「出國深造」一樣，社會勞動服役期滿，就可以離開這裡，有些人當然恨不得快點離開，有些人反而相當懷念這兒的人情味，有些人是因為沒地方去，這裡成了他們能暫時棲身之處。

建軍社區發展協會的文書工作，都落在小貓身上。

1 小貓的故事

你能預期，一個電鈴之後，要等待多久的時間，門才會被打開嗎？大概三十秒吧！小貓等到想放棄，看到大門終於開了……

小貓是前年來到建軍社區發展協會，健康的膚色，臉頰兩旁有痘疤的痕跡，長長的黑髮搭著她圓圓的眼珠，有一股說不出的活力。剛開始她到建軍報到時，我還誤會她是外勞朋友，嚇了一大跳。

當時以她的年齡算是相當年輕，我替她有些可惜，便決心好好「改造」她，無論是內在或是外表，我翻箱倒櫃，把一些新衣服或是未曾穿過的衣服拿出來送她，希望讓她外表變得不一樣。另外也鼓勵她學習新事物，讓自己有些改變。期待小貓的成功，也可以說是社會勞動者的成功，更是建軍協會的成功，讓社會勞動者可以重新與社會接軌，找出自我價值。

今年已三十五歲的她，處理起電腦文書、網路宣傳相當拿手，其實她不是相關科系科班出身，當初不得不到這服役時，她雖沒想過逃避，但也不完全願意。工作閒暇時，她會走出大門，倚著門邊，很安靜地抽著菸。高雄的陽光，即使是下午，一樣很毒辣，可是巷子裡很安靜，她熟練地動作與站姿，讓人注目卻也不願意去開口打擾她。

小貓說她從沒想過會來這裡，當初被通知要來「建軍社區」時，內心忐忑不安。她笑著說對建軍的印象，只知道是關懷獨居老人的據點，其餘一點印象都沒有。結果到了這裡、親身感受這裡的一切後，覺得自己來到另一種世界，尤其每天腳步緊湊的工作環節讓她沒時間去思考。建軍社區發展協會每天天一亮開始，就是備料、挑菜、洗米、煮飯、包便當、送餐給老人、刷洗餐盤、掃地拖地……。但這對小貓來說根本都不算什麼，頂多只是多用一點勞力的工作罷了。

新的夥伴加入送餐服務，會由一位舊的夥伴帶領前往。「這根本沒什麼難的嘛！」正當她用著這樣不在乎的態度來面對這項工作時，跟著夥伴來到老人家門口，按下電鈴，準備把熱騰騰的便當交到老人家手裡。

你能預期，一個電鈴之後，要等待多久的時間，門才會被打開嗎？大概三十秒吧！小貓等到想放棄，看到大門終於開了，她正想抱怨碎念時，映入眼前是坐著輪椅的一位阿嬤，行動不便笑容卻很是親切，所有的抱怨都哽在喉間，遞交給阿嬤便當後，她轉身正想離開。「謝謝妳啊！小姐！」阿嬤的口音不是很標準，國台語夾雜，可是卻讓小貓原本要舉步的腳，遲疑了很久。即使到現在偶爾閒聊，她跟我談到這件事，她說仍然印象很鮮明。她說不清楚當時內心的那種感動是從何而來，大概是從沒預期會被感謝，大概也沒想過自己的一個舉動，卻可以幫助到一位老人家，這種初次的感受確實讓她震撼了許久。

小貓的第一天的送餐工作，就是跟著另一位社會勞動者去送餐食；下午則是到另一個素食餐廳去拿取愛心菜餚。雖然我吩咐什麼，她就去作什麼，但她對於「另個餐廳取餐」充滿疑惑。

「我們不是自己有煮餐食嗎？為什麼還要去跟別的餐廳拿餐呢？」

這樣的疑問其實不只有小貓有，只要是剛到建軍社區發展協會幫忙的每位志工、社會勞動者，也都會有這樣的疑問。我聽完他們問出相同的問題，總是苦笑，對著他們一次又一次的解釋。

這個回答，幾十年來都一樣。

建軍社區發展協會雖然有接受社會局補助，可是並不是每個老人都可以得到補助，有許多的老人並不符合補助條件，需要自行負擔一些部份，近幾年來社會局的補助條件越來越嚴格，這是最現實的一面。可憐的是，即便是自行負擔三十元，老人們也不一定可以付得出來。

吃飯付錢，是天經地義的事。但偏偏如果付不出來呢？難道就是看著這些阿公阿嬤餓死嗎？我想我沒有辦法，而我先生也沒有辦法。所以再怎麼困苦，只要我有一口飯吃，這些阿公阿嬤就會有一口飯吃。有些餐廳知道我們的善舉後，會跟著響應我們的愛心，若是行有餘力，就會請我們去拿一些餐食，可以分送給這些阿公阿嬤們，減輕我們的負擔。

經過我的講解後，小貓才知道，原來建軍社區並不是她想像中的那麼平順，很多地方仍需要靠外界的資助。內心的疑問得到解答後，她沉默很久，低著頭不知道在思考什麼。我想，若是她是先聽我說，肯定對我的話有所懷疑，幸好她是先去感受這些阿公阿嬤的需求，所以更能印證我的話吧！

舊的夥伴帶領一段時間後，就會放手讓新來的社會勞動者自行去送餐。其實小貓剛開始一個人送餐時，鬧了不少笑話，因為沒有方向感的她，總是走錯方向。看得出她有點小沮喪，不過好強個性使然，她反而不斷告訴自己：「我一定可以完成、我一定做得到！」慢慢地，她也越來越能步上軌道，開始獨自一人送餐的工作。

當時負責文書的大哥已經快完成他的勞動時數，正在找下一個接手文書工作的人，正巧小貓算是同屆的社會勞動者中看起來年紀較輕的，「應該」是比較會使用電腦的人，因此就打算把建軍社區發展協會的文書工作交由她來負責。一直都是電腦白癡的小貓，除了打字，什麼都不懂，所以電腦文書的任務對她來說是個新挑戰，當時教導她的大哥很有耐心地一步一步講解，在沒有壓力之下，小貓學會了電腦的相關知識與軟體應用，慢慢參與建軍社區發展協會裡的大大小小活動，拍下無數張的照片，也看著自己與身旁的社會勞動者完成了任務與時數，那種喜樂的心情，她的感觸更是深刻。

長時間的相處下來，我們慢慢地有了默契，也對她越來越瞭解。後來小貓才跟我說，原先她對我的印象是有些壓力，覺得我很嚴格，沒想到認識久了之後，才發現我像小朋友一樣，時時充滿活力與熱情，好像總是有用不完的體力一樣，腦袋瓜裡永遠都有新的點子在運轉中。我已經半百的年齡，大部份的時間都在建軍社區發展協會，其餘的、有力氣的話才關注在家庭生活，要是讓我再去學習這些時下流行的3C產品、網路、文書打字的，根本是天方夜譚，或許我會先撞鍵盤暈倒吧！

不過，小貓也是有故事的人，而她的故事並非本人親口說的，反而是很意外情況下發現。有一次，我跟小貓一同去街上逛逛，在一間服飾店門口挑選時，忽然發現服飾店小姐一直盯著小貓看，而且眼神越來越銳利，讓人感到不太對勁。猛然地她衝向我們，嚇到我趕緊把小貓推到身後。服飾店小姐掄起拳頭要往小貓揍下去，裡頭另外一位小姐衝出來擋在我們中間，我馬上拉著小貓就跑，但內心總覺得奇怪，裡頭必有什麼隱情。

隔日，我鼓起勇氣再度去那間服飾店，同樣遇到那位想揍小貓的小姐。原來事情的經過相當複雜，而讓小貓到建軍來服社會勞動役的，也正是她…或者是說，她們。

她們有五位小姐，原先是在舞廳上班，據她的說法，小貓用計陷害她們，導致她們最後決定一起提告，最後她們勝訴，小貓最後服刑來到建軍。我要離開前，那位小姐還一直叮嚀我：千萬不要被她騙了！小貓是很有心機、很邪惡的，人的本性是不會改變的，不要相信她！

坦白說，我已經跟小貓認識兩年，每日幾乎朝夕相處。我深信在建軍協會這個窮單位，要是為了利益留下來，根本就是癡人說夢。所以小貓畢業後，還會繼續留下來幫忙，肯定不是她所說的那麼壞。或許她跟阿公阿嬤接觸的過程中，無形中被感化了，慢慢找回純善的心靈，我相信她的本性並不是那麼壞，每個人都有走偏差的時候，否則怎麼還願意繼續留下來跟我照顧這些老人家呢。

小貓就像是我的左右手。其實到去年，她的勞動時數已經滿了，但她還願意留下來義務幫忙，真的非常感激她，若不是她，這個建軍社區發展協會裡有很多事都很難運作。社會勞動者本來就難管理，而小貓早熟的個性跟有魄力的手腕間接地幫助我不少。她總能很迅速地發現哪位社會勞動者在說謊，或者誰又作賊心虛了。我想這應該跟她以前的工作環境有關，要懂得察言觀色。

我跟小貓的角色越來越像白臉跟黑臉，她告訴我說：「洪姐，妳要懂得保護自己，妳耳根子軟，太好說話，所以妳就當好人；因為大家不敢對我怎麼樣，所以壞人我來當。」

我跟小貓在建軍社區發展協會裡所扮演的角色，就朝著這方向邁進。我們兩個慢慢發展出一套管理模式，即便現在我無法待在社區裡監督社會勞動者，他們也可以自動自發去處理自己的工作，彼此互相督促。小貓就負責催討社會勞動者收回來的費用。這個費用可不是保護費哦！這是阿公阿嬤繳交的餐費，雖然政府有多少補助，但是補助對象的門檻還是太高了，因此還是有部份的阿公阿嬤們必須自費繳納費用。

早期有些社會勞動者比較皮，跟阿公阿嬤收了費用放入自己口袋，若是沒有三催四請，錢根本不願意拿出來給繳給建軍社區發展協會。這個情況在小貓開始協助管理後，慢慢變少了。其實我不善於管錢，讓我管理財務的話，大概我連十塊錢都看不到，但是讓小貓來處理這部份，她把帳整理得很好，雖然戶頭裡都是虧損的狀況，但至少還能看到十塊錢、二十塊錢的進帳。

從原本什麼都不會，到現在對電腦一把罩，因為這樣的技能，讓小貓畢業後在律師事務所找到一份不錯的工作。小貓承諾工作閒暇之餘，會回到社區來幫忙，實在很感謝她的熱心。建軍送餐的工作，其實不知道何時會結束，很有可能到年底就沒辦法繼續做下去了。所以除了珍惜跟阿公阿嬤的緣份外，我也很慶幸有小貓的加入，協助了我更多的事情。

◆ 採訪志工們與陳阿公合影。99.11

第六部　一念之間

之前有提到，因為社會勞動者的加入，讓整個送餐活動更有意義，那是感受到阿公阿嬤與社會勞動者間的相互影響。不少社會勞動者來到建軍社區時，是帶著不平與憤慨的，認為法院給予他們的判決是不公平的，因此這些情緒很容易展現在他們對工作的不耐煩、對一些小事就感到煩燥。但隨著這些社會勞動者跟阿公阿嬤接觸後，反而讓他們心態有了些許的改變，這樣的變化都是在一念之間……

1 許大哥

阿公阿嬤都是許大哥有接觸過的，我想就是因為他親眼所見，發現社會裡還有更需要幫助的人，所以他才自願放下身段，為我們推銷水餃吧！

只要是人，就會有團體問題。住在區域比較相近的阿公阿嬤有同儕問題，更不用說是每天朝夕相處的社會勞動人，他們也有自己的同儕問題。同一屆的社會勞動者會自己選出班長、副班長，負責該屆的一些聯絡問題或是工作分配的問題，就像自治會一樣。通常我是管理、督導的角色，這些細節我不介入的，除非有太誇張的事情，非得要我出馬，我才會適時出聲。

人的際遇就是這麼奇妙，因為犯錯而來到我這的社會勞動者，不一定是社會的邊緣人，有些可能是高知識份子、某些企業的大老闆，只要是人，就有可能會犯錯，然後為他所犯的錯付出代價。因此在我們這裡，除非對方主

◆ 送餐大隊每天準時出發。99.7

動提起，否則我們並不會過問對方的身份、不會問犯了什麼錯，像是這兒的潛規則般。只要有心贖過、彌補錯誤，在這裡我們一視同仁，並不會有特別偏心或輕視的情形。

團體間會有的問題，這裡也有，只要是有人的地方，口角就免不了。許大哥算是很高壯的中年男子，雖然頭髮已經都白了，但說話的口氣就是有一股書卷氣，談吐很有氣質，卻也隱然有些傲氣。

這一屆的社會勞動者，他們已經各自分配好工作，所以照道理說，應該許多環節都漸上軌道才是，但事情並不如我想像中順利，經過一番的觀察後，才發現許大哥負責的工作，常常沒有辦法完成，我雖然不主動出聲，卻也開始為這個問題而著急。

社區裡的社會勞動者，來自各行各業，每個人的生活、工作習慣都不同，大家為了勞動時數相聚在此，剛開始難免會有些摩擦，雖然不是什麼大事，但只要遇到天氣炎熱，心情很容易就浮燥不安，相對地只要有一些小碰撞，就容易產生火花的情緒。照道理說，我雖與他們天天生活在一起，但一路上接觸過很多社會勞動者，什麼大小事沒有經歷過，我的EQ應該可以算不錯，沒想到這次連我也有些失控，或多或少還是被感染這樣不愉快的氣氛，影響到自己心情、說話口氣也不佳。

這樣的情形實在讓我很鬱悶，剛好朋友來社區找我聊天，在他的邀約之下我們一同到小港的廟宇參拜。一走進廟宇大殿，裡頭肅穆的氛圍、節奏一致的樂音，讓原本煩悶的心漸漸平靜，原本內心陰沈的角落，似乎也得到陽光照撫。拜完後，我隨意在廟裡走走逛逛，正巧發現廟裡的執事者正在教導志工摺製蓮花和金元寶，我看著看著，也發現點趣味，便走進去一同學習。

其實摺製蓮花並不困難，只要專注就夠了。專注地一心一意將精神都放在摺紙上，看起來單調的工作，卻可以暫時拋開憂愁煩惱，內心的情緒也不至於大起大落，逐漸平靜下來。這個感受讓我思考很多事，在徵詢過廟方的同意後，我將摺紙的工具與技術帶回社區裡。我找了幾位心情容易受影響的社會勞動者，教導他們摺紙製黏蓮花，起初他們對於這個工作滿是抗拒心態，我一次又一次的解說，將自己實際的體驗告訴大家，希望他們能夠透過這些動作，讓自己的心平靜

◆摺金紙幫助社勞者平靜心靈

下來，不要焦急。

一開始大家也不是做得很上手，有些人坐不到五分鐘就開始伸伸筋骨、一會兒有人開始講起電話、還有人乾脆請我放過他，說他寧願回廚房去整理蔬菜，說得這工作好像多麻煩似的，聽得我啼笑皆非。

我再次請求他們忍耐一會，靜下心來，雖然大家摺得不算標準，有人摺得歪七扭八，還有人根本就是亂摺一通，只是為了交差了事……時間過了一陣子後，慢慢地大家變得自動自發起來，摺製蓮花時，也會放宗教音樂來聆聽，大家越來越少找藉口開脫，還會開口稱讚他人、指導別人。

同樣是一件事，大家的心態不一樣，從一開始到後面的結果也不同，在過程中所得到的體驗與領悟也會不同，或許剛開始很多社會勞動者用著打發的心態來面對摺製蓮花，就像面對自己的勞動時數那樣，可以敷衍就敷衍；有些人雖然疑惑，但也聽話地按照步驟去執行。

無論當初的心態跟出發點是什麼，至少能因為這樣簡單的手工工作，讓協會裡慢慢地祥樂，相當值得。當然，也並不是所有的社會勞動者都適用摺

1. 許大哥

製蓮花這個工作。

許大哥在來到建軍社區發展協會前，應當是享有一定的社會地位。剛開始我安排他與丈夫一同去市場工作，沒幾次後，他就向我表明不願意再到市場去。

當時他告訴我說：「因為菜市場離我家住得近，有太多鄰居跟朋友在那兒出入，對於我來說，太丟臉了，我不想被人知道我來做社會勞動。」基於顧及他的顏面，後來我安排他到廚房去幫忙，挑菜、洗菜等等的雜務工作。沒想到他還是無法完成，雖然這次他沒多說什麼，但是看得出來他對於挑菜、洗菜的工作，他總是能避免就避免，放不下身段去處理基本工作。

他的工作無法按時完成，反而成為其他社會勞動者的負擔。這樣的情形久了，當然也會引

◆ 每天最常執行的工作之一便是撿菜。

起團體間的不滿與閒言閒語。但許大哥就是不願意與其他社會勞動者一同工作，總是隱然有一種較高傲的態度。遇到這樣的社會勞動者，我會以觀察作為第一步，若是情形不是太嚴重，往常同儕的力量以及在送餐時跟阿公阿嬤的互動，應當會讓他的心態有所改變。

可惜，同儕的力量，似乎也起不了作用，摺製蓮花也只是暫時讓大家心情恢復平靜，免得情緒激烈過頭了。但情況還是僵持著，而許大哥的做事情的態度更是讓大家對工作的分配越來越不滿，正當我在一籌莫展之餘，沒想到居然是「天氣」改變了許大哥的想法。

夏天的天氣多變，高雄除了一貫的毒辣太陽日外，有時遇到西南氣流，連日的豪大雷雨就更難免了。有些社會勞動者自行駕車，有些則需要騎乘機車，無論晴天或雨天，一日兩次的送餐都省不了。連續數天的大雨，加上颱風的威力，雨就像用倒下來似的，傾盆而下。許大哥穿著輕便雨衣，帶著超過一百二十公斤的便當，在風雨中歪斜地騎著機車去外頭送餐。回來之後，忽然有感而發：「天生我材必有用啊！」當時我正在辦公室裡整理雜務，聽完有些詫異，我還記得他剛開始去送餐時，他每次送餐給阿公阿嬤時，都碎念著「阿彌陀佛」，讓我更好奇地詢問他怎麼忽然有這樣的感想。

「我以為……這樣的工作我做不來。」他慢慢地說：「我不覺得送便當是一件偉大的事情，結果……好像跟我想的不太一樣。」

我知道他可能態度有些軟化了，便問：「怎麼不一樣？」

「妳知道我算過每次送便當，都要爬幾階樓梯嗎？來回要九十四階耶！要自己開門進屋，然後才能把便當交給阿公阿嬤。」許大哥不管我是否認真在聽，繼續說著：「今天雨很大，原本我很不情願去送便當。後來我看到阿嬤坐在輪椅上，扭動著身軀側身跟我道謝，我忽然有些感觸。」

「感觸？」

「像我，還身體健康、好手好腳的，原本覺得送便當是一件很輕鬆的事，為什麼要我來做，應該隨便一個人都可以做吧！後來看到阿嬤行動不便，還想要轉頭跟我說謝謝，忽然有點被感動到吧！」

聽到這兒，我知道他的觀念在改變，我非常的高興，畢竟是他「自願」

的感受，而不是經由我或是同儕去勸說或責罵後的結果。

過幾日後，許大哥又對我說：「洪姐，妳記得嗎？有個阿嬤家不是有養一隻狗嗎？很神奇耶，原本我很不喜歡她們家那隻狗，每次去就一直吠我；現在我都覺得牠是在歡迎我。」

看到他這樣的改變，我欣慰多了。自從幾年前的送餐工作遇到人力困難，後來經由聽從社會局的建議，改向地檢署申請社會勞動者，這些年來，看著這些曾經犯錯的大人透過跟阿公阿嬤的接觸，改變自己的心態，更能真心誠意地付出，重新檢視自己在社會上的意義，這大概是我最開心的事之一吧！

後來，許大哥自願一大早跟著丈夫繼續到魚市去工作。廚房裡的社會勞動者多，每個人身份都不同，在廚房裡頭可以看到很多社會更底層、更邊緣的人物，許大哥還是無法跟他們共處一室，後來乾脆各過各的，直接到魚市場去工作算了。前陣子我做的五行水餃開賣，其實也是許大哥促成的機緣。某一次在閒聊時，說到水餃這食物，他提及以前曾經為了想賣水餃，還試做

1. 許大哥

了好幾百顆。聽到「水餃」，我心生一計，對呀！怎麼不做點水餃來吃呢！

於是行動快速的我，隔日馬上買來材料，肉餡、蔬菜、餃子皮……等等，招呼了大家坐下來，馬上動手開始包起水餃，並把包好的水餃分送給大家拿回去品嚐。經過繁雜的手續跟動作後，下鍋後送進眾人口中的水餃，口感意外地好，眾人的反應也是連連稱讚，就連許大哥也喜愛，還鼓勵我可以包點水餃來作生意。

「賣水餃耶？我可以嗎？」我不禁詫異地問。

「洪姐妳可以試試看啊！我們家大大小小都很喜歡吃水餃，昨天我拿妳做的水餃回去煮來吃，我太太、兒子、女兒……大家都稱讚耶！妳考慮看看吧！」許大哥爽朗地回答我。

「真的假的啊？我有賣水餃的實力嗎？」我心想，連不容易屈服的許大哥也覺得好吃，可能賣水餃真有一點希望喔！

「有啦！到時妳做了，我負責幫妳推銷！不過妳水餃的品質一定要穩定，不能時好時壞，這樣很容易流失客群。」

有了大家的肯定後，水餃這食物就開始出現在建軍社區發展協會裡，三不五時就可以看見我們在廚房裡拌肉餡、包水餃。除了原本的蔬菜、鮮蝦口味，還研發了五行水餃，使用不同顏色與口味餃子皮，配合不一樣的食物特性，推出販售。

並不是我在老王賣瓜，我們的水餃顆顆飽滿，料多實在，每一顆煮過後不縮水。送入嘴中一口咬下後，美味的湯汁就立刻流出，教人不垂涎三尺都難。很多客人都表示，我們的水餃很划算實惠。

◆販賣手工水餃成為我們賺取送餐經費的來源之一。101.11

做生意就是這樣，總是有忠實的顧客，因為已經吃習慣我們家的食物，所以只要新開發的產品，他們都可以接受。但是除了原本認識的客人，也總該多開發新的客源，光是這個問題，可真是傷腦筋，想破腦袋。

為了募集阿公阿嬤餐費的資金，總是希望有更多人知道我們的美味水餃，除了傳統的發傳單方式，我們已經無能為力去挨家挨戶作推銷販賣了。大概許大哥發現我們的窘況，他居然私底下幫忙推銷拉了不少客人，甚至有些客人都是他們業界的老闆們。當我接到水餃訂單時，根本驚訝到差點掉下巴了！我詫異以他的身份，怎麼拉得下來臉到處去請托、幫忙，還曾經想過這個可能：「該不會他都是自掏腰包買下的吧！」不過反過頭來想想，他一口氣買那麼多水餃，沒有那麼多的空間可以放置，更別提一口氣煮來吃光，看來他真的是用心在幫我推廣宣傳，將這份愛心散播出去吧！

這些阿公阿嬤都是許大哥有接觸過的，我想就是因為他親眼所見，發現社會裡還有更需要幫助的人，所以他才自願放下身段，為我們推銷水餃，否則這種低聲下氣的工作，怎麼會是他做得來的呢！

2 陸小姐

「真是搞不懂我那時在想什麼。有這麼多人努力想活下去，已經過得很幸福的我，卻想著要自殺。」

許大哥在這待了五個月就服役期滿，通常在舊生離開前，就會有新的社會勞動者進來，照舊我們會讓舊生帶著新人工作，這樣會讓新人可以更快進入狀況，也可以讓阿公阿嬤產生信任感，不會對新人有戒心，如此一來，工作也比較方便快速。

許大哥的心態比較有傲氣，做事情則相當一板一眼，很多細節處都得照他訂下的規矩來進行，當時我指派給他的新人是陸小姐，熟知許大哥個性的我們都不免擔心，不曉得陸小姐是否可以適應。

一天過去了、兩天過去了、三天過去了……一週也過去了，我們驚呼這個發現，同時對陸小姐也充滿了佩服與疑惑：「她怎麼辦到的？怎樣才能讓

許大哥挑不到毛病？」除非她跟許大哥一樣對細節很注重，甚至比許大哥更嚴格。

在一個摺蓮花的下午，我半開玩笑問她：「陸小姐，妳跟著大哥送便當會不會很辛苦啊？許大哥要求很多吧？」

陸小姐大笑，「怎麼會呢？比起我家的那一位，許大哥這些算什麼要求？」

接著，陸小姐便娓娓道來：

「我婆婆啊，是八點檔、連續劇，像驚世媳婦系列裡會出現的那種婆婆。就光是拖地板這件事好了，用拖把拖地，她會說那種的拖不乾淨，我只好跪著一塊、一塊的瓷磚地板這樣去擦洗。」

「哇塞！那也太嚴格了吧！妳隨便擦一擦，她哪分得出是拖把拖過去，還是妳跪著擦過去？」一旁志工媽媽驚呼。

「這就是重點了。」陸小姐氣定神閒地繼續說：「擦完地板後，她會穿著白襪子，然後踩在地板上去測試，看看妳地板擦得乾不乾淨，要是白襪子上有黑點或是灰塵，那就等著一直被挑剔、再重擦一次吧！擦地板都這樣了，擦桌子就更不用說了。我婆婆就是那種對完美有極度要求的人，所以我怎麼會覺得許大哥很嚴格呢？」

聽完陸小姐的闡述，讓我們懷了一週的疑惑終於解開謎底了。原來真的有這種婆婆，只要家裡的人去上班上課後，陸小姐在家就是不停地整理環境，力求完美與規矩。一個被大家都討厭、覺得難搞的許大哥，居然跟陸小姐合得來，這也實在有趣！

看著她這麼神采奕奕地說著家中的情形，又想起她還沒來到建軍社區前，地檢傳來的消息：有自殺傾向的社會勞動者。兩者相比較下，實在令人很難與她有所聯想。

陸小姐是因為車禍無法和解的緣故，所以來到這兒服社會勞動役。大概是在民國九十九

◆ 每個便當都是一個笑容的來源。99.3

年的時候，她開車與一位中年男子擦撞，但是對方獅子大開口，敲詐高額賠償金，實在讓她難以接受。

剛開始她很有誠意和解，雖然對方只是輕微擦傷，但她仍然天天致意關心，就連醫生都說對方的傷勢並不要緊，結果對方還是不斷地說很嚴重、那裡痛、那裡暈，這麼多的理由，就只是為了錢。一個普通的家庭主婦，如何負擔得起一百多萬的求償金，整天面對著對方的電話轟炸與索求，這種壓力導致她壓抑自己的心情，不敢跟家人說出真相，當憂心變成了憂鬱，連吃藥也無法控制時，自殺的傾向就浮現了。

因為私下和解不成，對方也要不到高額的賠償，因此一狀告上法院，這樣一拖，就是三年的時間，就在陸小姐終於快撐不下去時，法院最後判決她可以服「社會勞動役」來解決這個案子。當她確定被分發到建軍社區發展協會來時，接到這樣的消息，我真是緊張得要命。曾經接過恐嚇罪、詐欺罪、賭博罪的社會勞動者，就是沒接過這種有輕生傾向的，到底我該安排她做什麼工作、要怎麼跟她相處呢？

結果也讓我相當驚訝，沒想到陸小姐這麼乖巧，交待她做的事情，她一件件如實地完成，非常有規矩不取巧，我想這就是為什麼許大哥跟她可以一起工作的原因吧！因為陸小姐出身很健全的家庭，生活也很平常，我更好奇她在送餐的過程中，與這些阿公阿嬤接觸後，有怎樣的感想。我把這樣的疑問告訴她，她沉思了很久後才回答我。

「其實我很不能相信，社會上居然有這麼多需要幫助的人。」她緩緩地說：「像五福的那戶，那個身障女兒，可以說是讓我『大開眼界』，而那個住在四樓的腦性麻痺的阿嬤，當我送便當給她時，她還試著要拿飲料請我喝，讓我鼻子一陣酸。」

我仔細地聽她說，沒想到她也有感性的一面。

「她們都這麼努力的活著，而我當初卻因為一個心結想不開有輕生的念頭，真是搞不懂我那時在想什麼。有這麼多人努力想活下去，已經過得很幸福的我，卻想著要自殺。」

「那妳現在心情跟之前來建軍時，有什麼轉變了嗎？」其實這個問題，

也是我最關心的。我想知道讓她跟這些阿公阿嬤的接觸後，到底讓她想開些了沒有。

「有啊，幫阿公阿嬤送便當那麼久，要是沒有轉變，還真是白活了。」陸小姐露出笑容：「記得我來到這兒前，不知道建軍是在做什麼的，一直到進來後，才知道是這麼有意義的工作。我一直不相信有人這麼傻，會不求回報去付出，偏偏洪姐妳就讓我看到這樣的事情。原本我是很不快樂的來到這裡，但現在我已經很平靜了，我一定會快樂的畢業的！」

聽完她說的話後，原本七上八下的心情，終於跟著她「平靜」下來。很高興建軍除了在送餐給阿公阿嬤有意義外，更創造了另一種幫助人的意義！

我所接觸的社會勞動者，已經不知道有多少位了，以前是一批批進來，現在是一位一位出現，制度在改變，誰也都有可能不小心犯錯，有人是冥頑不靈，怎麼勸說都沒有用；有人則是逐漸受到感化，慢慢融入；當然也有人在團體生活中拉不下臉，但還是依然可以完成時數離開……各種的可能都有，而我更希望他們都不要再犯、不要再以社會勞動者的身份，出現在建軍社區發展協會裡。

第七部　危機與轉機

自有老人送餐以來，加入了社會勞動者，我的角色就越來越重要，從製作便當的廚師變成管理者的身分，要背負著社會勞動者的責任，有時還真是又愛又恨的心結啊！

在社會勞動者中，也是有相當難搞的人，怎麼說都溝通不了，最近這幾次還差點把整個建軍社區發展協會搞得翻天覆地的，幸好最後渡過了危機。

1 頭痛人物

原來看似跟大家相處很融洽的阿紅，居然暗中四處挑撥說閒話，導致在大家在相處時，總是帶著狐疑的態度在看別人。

在社會勞動者中，雖然大家出身都不同，偶爾也會有較皮的人，但基本上都是可以溝通的，不過還是出現了幾位特別的頭痛人物。

其中一位是原住民，其實「原住民」有兩層意思，第一個他真是原住民，第二個他從這裡服完社會勞動役後，因為沒有地方去，所以暫時就住在協會裡，一直到最近。

他叫阿悟，以前家在恆春是開西藥房的，後來因為賭債問題，家庭破裂了，開始有輕生的念頭。沒想到在自殺前接到服社會勞動役的通知，因此他就來到建軍社區發展協會裡工作。

在來到建軍前，阿悟說他其實因為賭債問題，早就已經脫離社會太久，是名副其實的幽靈人口，到處寄他人戶口，過著很卑微沒有尊嚴的日子。有時會看見他在寫文章，一問之下才發現他很會寫詩詞，他說從國小時就不是很會念書的學生，不過很喜歡看課外書籍，像是武俠小說、偵探推理小說等等。

他說他的筆名叫浪客，最懷念年輕時，有段時間住在頂樓，一個人在檯燈下創作的時光。總覺得那段時間是自己人生中最享受的了。後來我都叫他落魄的詩人，滿腹的詩詞卻無處發揮。阿悟常說自己什麼都不會，很沒有用處。每每他說到自己去送便當時，看見那些獨居的阿公阿嬤，內心就會一陣感傷。

這些老人家很喜歡拉著社會勞動者聊天，東問西問，總是很關心這些社會勞動者的心情與目前狀態。阿悟也很善於跟這些老人家聊天，所以他跟老人家們互動很熱切。每次送完便當回來，他就會喃喃自語地說：「是不是這些阿嬤家的兒子，都跟我一樣沒路用，所以才讓自己的母親獨居無人照顧？」

很自然地，他想起了自己的母親。阿悟每次說到他自己的母親，就會落淚，說是自己的母親托給弟弟照顧，而自己卻不能回鄉好好盡孝道，反而自己現在卻在送餐給別人的母親，照顧別人的母親……

我就安慰他說：「阿悟啊，誰說你沒有路用，你想啊！這些阿公阿嬤需要人陪伴聊天，需要人家關心他們，你不就在做這樣的工作嗎？你不就是在關心他們嗎？」

阿悟一聽，想了很久，他點點頭說：「洪姐妳這樣說，好像也對。好像我就有一些用處了。」

失去的很多，只有好好把握現在。阿悟常說他沒想過來到建軍還能過得這麼有尊嚴的生活，原以為像電影演的那般，在監獄中就是要處處委曲自己，過得跟老鼠一樣躲躲藏藏的日子。在服社會勞動役時，阿悟的表現都很不錯，勇於認錯、面對自己的責任，所以讓他繼續在協會裡幫忙，我倒是很放心。只是好景不長……

當他從協會裡畢業後，慢慢地，他的心態改變了，對於很多事的想法也

改變了，這是我沒想過的。恰好他產生的態度問題，又遇上另一位頭痛人物—阿紅，導致產生了今年協會中最大的社會勞動者危機。

阿紅是一位從別處調來的的社會勞動者，因為誣告的關係所以被判處勞動役，她看起來大概五十歲左右，打扮得算是很時髦，穿著不俗。剛開始我安排她在廚房工作，起初她跟大家相處得都還不錯，但是沒幾日，我馬上感受到同儕間的氣氛怪怪的，似乎有一股說不出的詭異，大家見了面也不太想問候，實在很奇怪。

我悄悄地找來其中的一兩位社會勞動者，分別隔開詢問理由，一問之下真是不得了。原來看似跟大家相處很融洽的阿紅，居然暗中四處挑撥說閒話，導致在大家在相處時，總是帶著狐疑的態度在看別人。甚至阿紅還跟阿悟槓上。阿悟雖然已經畢業很久了，但是還是住在協會裡頭，對於其他社會勞動者在工作時，總是會多嘴指點，大概也是因為他漸漸忘記社會勞動者的心態，所以言語上總是比較不客氣。

偏偏遇上阿紅這種愛挑撥的人，團體中緊張的氣氛根本就一觸即發，逼不得已只好讓阿悟離開協會，另覓住處了。阿紅的事件還沒落幕，除了跟阿悟槓上外，就連好脾氣的陸小姐也被她惹毛、氣哭，誣賴陸小姐做事亂七八糟，四處向別人散播這件事。一向最不能忍受誤會的陸小姐當然氣瘋了，兩個女人的戰爭把建軍社區發展協會弄的烏煙瘴氣。

最後我向地檢問清阿紅的來歷，才知道她原先在別的單位服社會勞動役，同樣的挑撥情況在那邊也發生過，把大家搞得烏煙瘴氣後，地檢決定將她調離開原處，於是就來到建軍了。

阿紅老是隨身帶著手機，逢人便說她有兩個女兒，秀出手機給大伙看，大家看完後總是面面相覷，不知道該怎麼反應，因為裡頭的照片都是明星照，到底真假有幾分實在讓人摸不

◆ 有些人一輩子沒撿過菜，來到這裡全變成撿菜達人。99.3

著頭緒。她對外自稱自己是「社區之花」，協會裡有很多男性對她總是很特別、很禮遇，對於她所引起的事端，她說：「人紅是非多。」總是讓人不知道該如何回應。

最後我把她隔離，讓她在協會的大廳去專心摺蓮花，其他人在後頭的廚房工作、挑菜、分送。減少大家接觸的機會後，雖然三不五時還是喜歡自誇炫耀，但事情總算慢慢平靜下來。

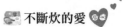

2 轉機

今年是我們建軍社區的最關鍵一年，我們承租來製作菜餚、包送便當的房子，已經接到房東不續約通知，……明年到底還能不能繼續做送餐的服務，至今仍是無解的謎題。

有頭痛的人物，也有超讚的社會勞動者。

小葉是律師，當他們這一批社會勞動者來到建軍社區發展協會時，我就讓他做這一梯次的班長。小葉就是很守本份的人，他也跟我分享了很多相關法令，這一梯次他算是「最乖」的了！因為他職業的關係，他替我們分擔很多法律或合約上的問題，有時候里民若是有法律上的疑惑時，也都會尋求小葉的協助。

有一次阿紅想挑撥小葉跟其他人的關係，對著他說：「小葉，某某某說

你的壞話，說你……」小葉卻一派輕鬆地回答說：「好啊，不然妳叫某某某來，我當面跟他溝通。」嚇得阿紅趕緊閉嘴不語，踢到鐵板後從此阿紅就收斂很多。

小葉說他對「建軍社區」的印象是陌生的，他跟很多社會勞動者一樣，來了之後才知道我們主要給老人家作送餐的服務，提供一些免費的便當。對於社區的發展協會，小葉或多或少有些概念，他曾經說過，以前看到發展協會，以為這是插花班、家政班那類的，沒想到我們居然是做老人送餐的公益服務，因此來這服社會勞動役，更感覺有意義。

還記得小葉來這工作沒多久，就對著我說：「現在有愛心的人已經很少了，更何況洪姐妳居然這麼有毅力，做了長達十五年的送餐服務，真是少之又少。」聽到小葉這麼說，知道他對公益也有一份熱忱，我立刻詢問他的意願，在允許的時間內，是否可以請他講解一些法律上的常識，或是替有需要的里民解惑。小葉非常豪爽的點頭，並且答應畢業之後，每週三早上會回來服務大家，算是個人對社區的回饋。

◆ 便當吊鉤更便於我們為住高樓層卻行動不便的阿公阿嬤送餐。100.11

◆ 吊掛起的或許不僅是便當，也是長者們繼續生活的能量101.11

小葉除了擔任班長外，還有負責送便當的工作。他常駕著自己的小車，穿梭在大街小巷裡。他所分配到的送便當區域較廣，不過有幾個據點很靠近，都是在國宅區，他會研發出一條專屬自己的送便當路線，他稱之為「S型送餐法」。

有些老人家已經跟我們培養出默契，只要我們把便當掛在門口，再按一下電鈴，他們就知道便當已經到了；甚至於有些老人家住在老舊的公寓，為了不讓社會勞動者爬過多樓梯，還有從窗口垂繩吊送便當。

我觀察到小葉對老人家總是特別體貼，送餐食之餘，還會特別關心阿公阿嬤的身體狀況，適時跟我回報，有些被動的社會勞動者，根本不會思考到這一部份，很多問題都需要靠社會勞動者第一線接觸回報。

老人家本來就需要更多的關懷，當自己的孩子不在身邊，又無法適時關心時，寂寞孤單的心情就會浮現；有更多的獨居老人膝下無子孫的，更像是被社會遺忘的一群，每每聊到此，小葉就會這麼說。

不僅是小葉感嘆，就連我也會思索：像我們這種做公益的事情，社會上應該要多些單位或是團體一起努力，這樣才能慢慢重視到獨居老人這一領域；再者如果社會資源可以更平均分配的話，能有多好！就像我們都知道六龜孤兒院需要

◆ 為長年行動不便的長輩們送便當，我們發明了利用繩索將便當送上樓。99.3

物資，因此很多人都會把用不上的物品寄給他們，但臺灣還有很多地方同樣為了公益在努力，比起目前很有名氣的單位，更需要其他人的幫助與重視。

今年是我們建軍社區的最關鍵一年，我們承租來製作菜餚、包送便當的房子，已經接到房東不續約通知，我們除了面臨要籌措經費的困窮狀況還要尋找下一年度可以棲身之處，蠟燭雙頭燒之下，明年到底還能不能繼續做送餐的服務，至今對我仍是無解的謎題。

我想社會資源若是可以妥善的運用，有個交流平台機制的話，或許能讓更多的阿公阿嬤有口飯吃，也可以讓這些單位團體減少為了籌措經費浪費的時間，更有餘力地幫助更多需要幫助的人。

3 大愛電視臺

生活再怎麼難過、困頓，但是宋阿嬤仍願意到我們這來當志工，付出自己的心力來協助我們……

曾經在前年，我以為建軍社區發展協會的氣數差不多到盡頭了，畢竟物資短缺的情況下，我與丈夫已經有花樣搞到沒招術，連附近常常幫忙的警察也都熱心地幫我們找人脈、找資源。會認識附近的警察，其實也是意外，剛巧我們有共同關心的一戶人家，在幾次接觸下來，發現有幾名員警也都很願意幫忙，特別像是福德派出所的郭所長和陳登盛警員。

坦白說，比起受理民眾的案件來說，通常員警對於獨居老人的案例並不會有過多關心，但是郭所長見卻認為除了一般案件外，員警在自己能力許可下，更應該主動去關心社會底層的弱勢人群。

或許這些獨居老人並沒有犯案的可能性，但往往他們卻常常受到欺負或是不被注意，若是能付出關心，多一點注意，也能減少其他人犯罪的可能。

我覺得這個觀念是很正確的，在郭所長的幫忙下，加上熱心的陳警員，常常解決我們很多棘手的問題，有時有新的物資進來，員警還會幫忙將棉被、食物送給這些阿公阿嬤，不少老人家們也會拉著員警們聊天話家常，把他們當作自己的小孩一樣。

◆ 大愛電視台來訪這天，愛漂亮的奶奶們都穿上了自己最美的衣服前來。101.11

去年年底，年關將近，每次這個時間，就是考驗我們的時候，沒想到居然接到大愛電視台的專訪，打算將我們一整天的工作過程詳實地記錄下來，把我們的「愛」傳播出去。攝影團隊一大早就從台北南下，從果菜市場開始拍攝，跟隨著我們志工挑菜、包便當，然後騎著機車來到各個阿公阿嬤的家中，採訪他們這幾年來用餐的心得，也與他們閒聊分享。

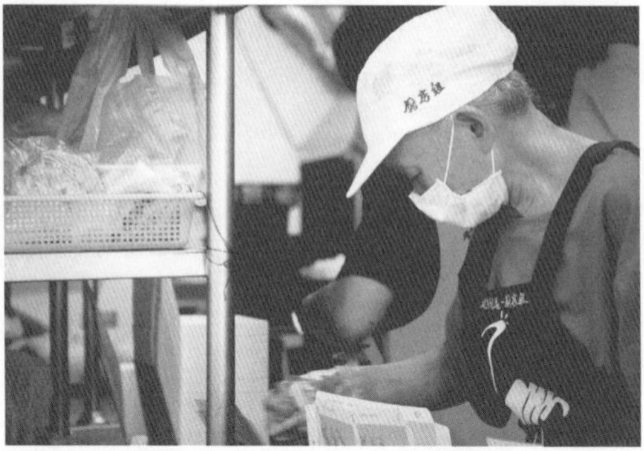
◆ 宋奶奶日子過得再辛苦仍然堅守志工的崗位。101.11

其中，我覺得最值得一提的就是宋阿嬤的故事。

宋阿嬤住在建軍社區發展協會附近，白天的時候她是我們發展協會的煮飯志工，每天準時來幫忙張羅便當，便當送出去後，她會回去睡個午覺，然後開始挨家挨戶、大街小巷撿拾回收的物品，然後靠回收過生活。

原本宋阿嬤的家庭還算平順，育有三名兒子。大兒子娶了外籍媳婦後，在外頭開了鎖印店，沒想到在一次意外時，兒子過世了，外籍媳婦無力養育小孩，因此把小孩帶回家給宋阿嬤教養，自己則行蹤不明。

二兒子沒有結婚，一人在外頭居住；三兒子與媳婦兩人在外縣市工作，小孩目前也是交由宋阿嬤來撫養。宋阿嬤背負著重擔，幾個小孩都交由她照料，因此靠著平日的回收物，肩負起這些小孩的責任。

最讓人感動的是，這些小孩並沒有因為父母不在身邊，而變得乖戾叛逆，反而在宋阿嬤的嚴格教導下，更是貼心、懂事，課餘時間會陪伴著阿嬤做回收工作，看得我們都窩心起來。

即使面臨了這麼多的變故，宋阿嬤仍然很樂觀的去面對。每天在建軍社區的廚房裡，都能聽見她洪亮的叫喊聲：

「菜怎麼還沒準備好？快點拿來啦！」

「不要偷懶啦！阿公阿嬤要餓死啦～」

「動作快一點，慢吞吞的是要煮到什麼時候啦？」

諸如此類的話句，每天都在建軍社區的廚房裡上演。生活再怎麼難過、困頓，但是宋阿嬤仍願意到我們這來當志工，付出自己的心力來協助我們，這樣的精神令人感動。藉著大愛電視台的報導，給我們新的啟發，每個人都有想為別人服務的大愛之心，讓我們可以把這份心意傳達給更多人，讓更多人來加入服務阿公阿嬤的行列。

3. 大愛電視臺

第八部　社會關懷公益正方興未艾

「只要我還有一口飯吃，阿公阿嬤就有一口飯吃。」在面臨這麼多挫折後，最後我跟丈夫仍沒有放棄，並不是因為我們貪圖名聲，或是有什麼偉人的企圖，只是因為我們一直有個信念……

未來，我沒想過「送餐給老人」這件事還能做多久，但當初拍胸普保證「只要我還有一口飯吃，阿公阿嬤就有一口飯吃」。若是有一日，實在無法再持續下去，我覺得也已經值得了。為什麼在面臨這麼多挫折後，最後我跟丈夫仍沒有放棄，並不是因為我們貪圖名聲，或是有什麼偉人的企圖，只是因為我們一直有個信念。

送便當，只是一個媒介，透過送便當，我希望可以送出一個希望，在這社會上，有許多角落是媒體、政府、一般人看不到的，這些年來我走過一個又一個破舊的家庭，聽過一個又一個人生故事。

每個人都會隨著時間而老去，這些老人家是需要被關心、注意的，透過送便當時，給予他們一點點的溫暖與關懷，這些都是我們可以做到的。認識這些阿公阿嬤，遇見這些社會勞動者，都算是我人生的一種獲得，沒有認識丈夫，就不會來到建軍里；沒有丈夫當選里長，就沒有送餐給老人這項愛心活動；沒有這些阿公阿嬤，就不會有社會勞動者參與；沒有大家的幫忙，就不會有現在的建軍社區發展協會，這些都是一環扣著一環產生的。

台灣老年化社會已經來臨，未來的老人問題一定比現在嚴重，每個人除了照顧好自己之外，是否也可以伸出你的雙手，隨時把社會關懷這件事記在心上，在你能力所及的時候，為這個社會多種一些福田，為有需要的人付出你的愛心。

◆ 經過送餐服務的磨練，社勞者對人生的態度也和鐵窗一樣煥然一新。99.3

◆ 社勞者自願為社區老舊的房子粉刷油漆，一個下午的粉刷讓阿嬤開心的説回家會不會走錯啊。99.3

◆ 武聖山關帝廟樂心捐助棉被給長輩們。101.1 （以下三張圖，左上圖）

◆ 迎著太陽出來的日子15年來從沒變過。101.11

◆ 劉阿公劉阿嬤牽手走過半個世紀鴛鰈情深。

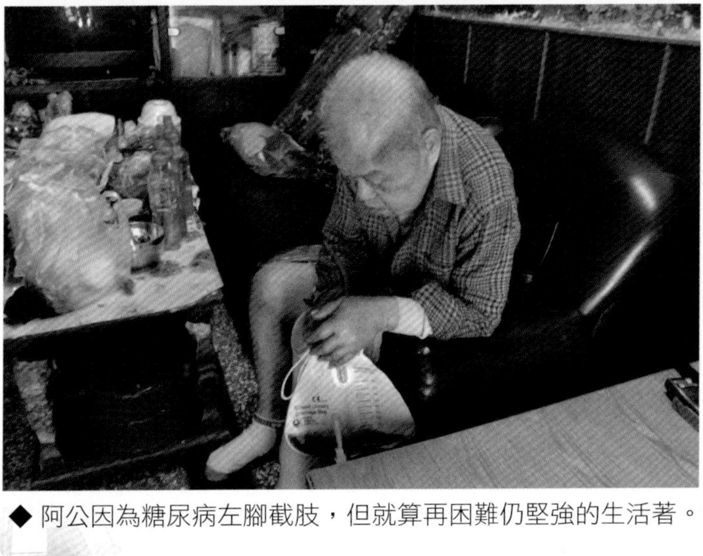

◆ 阿公因為糖尿病左腳截肢，但就算再困難仍堅強的生活著。99.3

◆ 空閒時候大家自動自發幫忙整理社區。

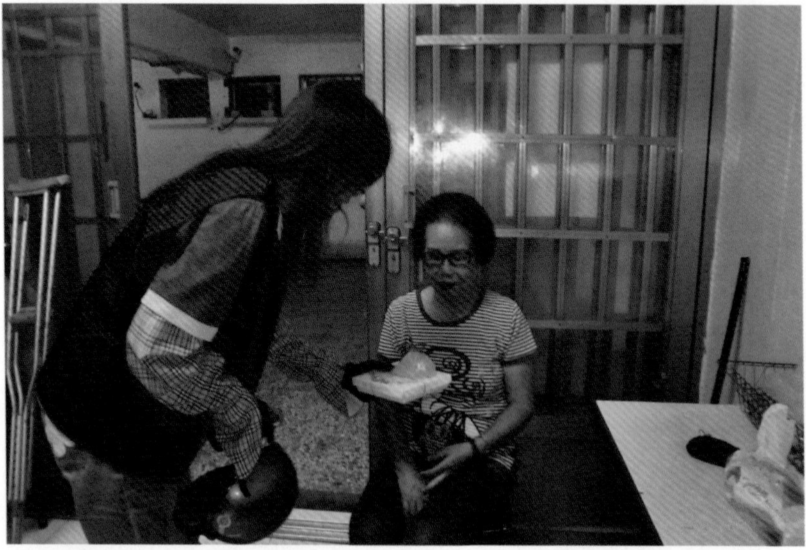

◆ 阿嬤因為跌倒無法正常外出。

◆ 阿嬤長年坐在輪椅上手腳早已萎縮，但他每次看到志工們還是笑得像孩子一樣，離開前有時還會要一個kiss goodbye 101.11

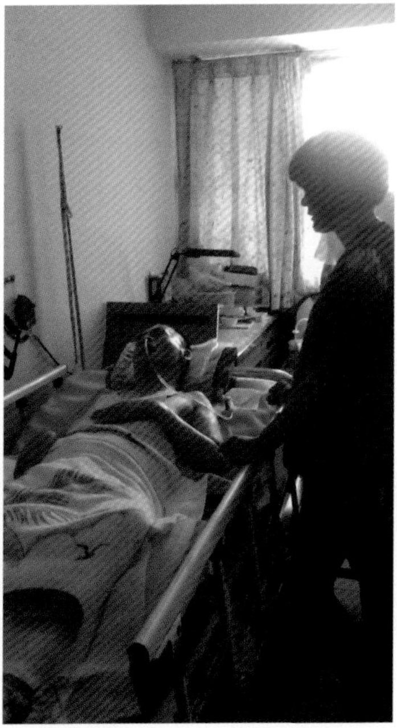

◆ 劉爺爺的小兒子曾是深海漁夫，卻因意外造成缺氧腦死成為植物人。
100.6

◆ 自願性粉刷工程。

◆ 送餐之餘還順便擔任油漆工人為奶奶換一道新門。

◆ 每天和我們一起在各個市場殺進殺出生死與共的小貨車。101.11

◆ 每天的食材都足足有一卡車這麼驚人。

◆ 紅紅的休市掛牌好像悄悄告訴我明天可以稍稍偷懶一會。101.11

◆ 蔬菜每天都必須反覆清洗來確保食用的安全。99.3

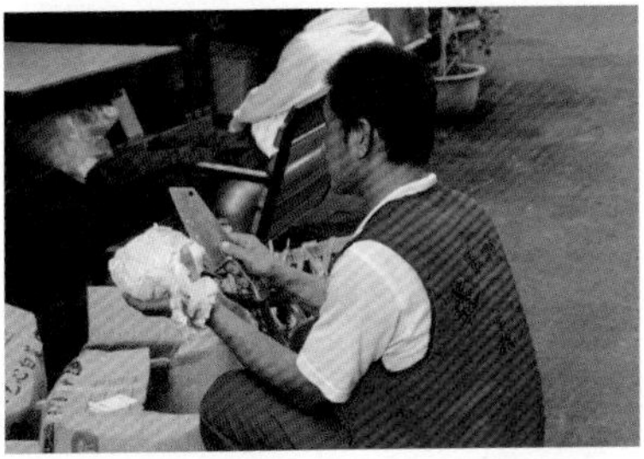

◆ 有些人拿刀逞兇鬥狠，我們的刀卻能換來好多笑容。101.11

◆ 送餐的日子和阿公阿嬤們培養出深厚的感情，常常利用休息時間主動為阿嬤修繕居家環境，改善他們的生活品質。

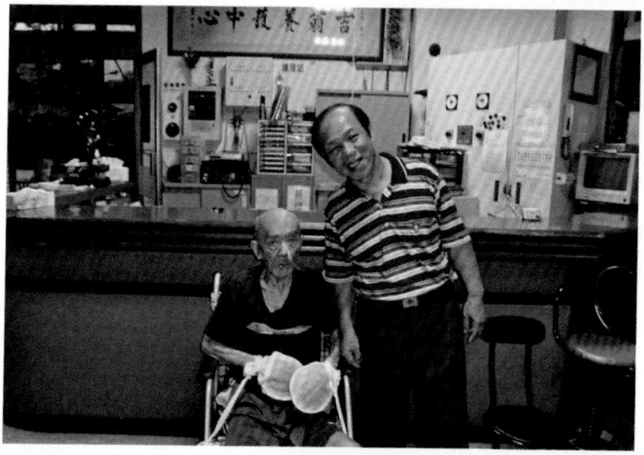

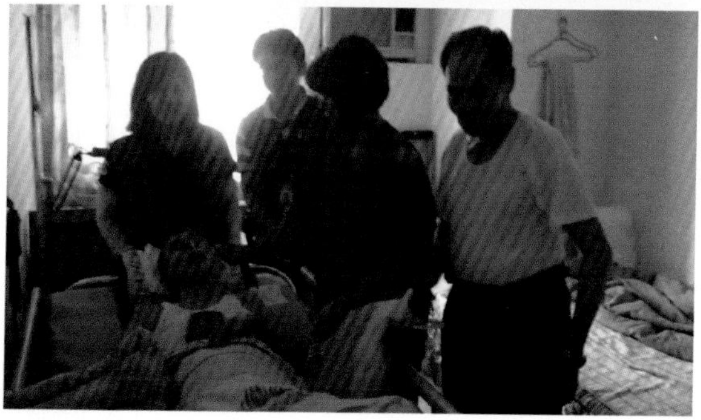

◆ 劉爺爺的孩子曾經從事深海捕魚工作，卻因為意外造成腦部缺氧，再也無法自由行動。

◆ 患有失智症的阿公常忘記回家的路，一個人待在這個用破木板疊起來的秘密基地。101.6

◆ 新春到了!社勞者自動自發為阿公阿嬤們重新粉刷。

◆ 就是這個笑容讓我拚死了也甘願。99.3

便當的滋味，人生的滋味，把這些故事分享給你們，如果你願意加入我們，或是給予我們一點幫忙，請不要吝惜溫暖的雙手，這個社會因為你，會更有希望。

◆ 總有人說我們傻，但送餐的每一步我們都走得無比甘願。101.11

國家圖書館出版品預行編目資料

不斷炊的愛 / 洪惠雀著. -- 初版. --
臺北市：博客思, 2013.07　面；公分

ISBN 978-986-6589-96-6(平裝)
1.社會服務 2.文集
547.07　　102009596

心靈勵志 22

不斷炊的愛

作　　者：洪惠雀
編　　撰：蘇茵慧
照片提供：高雄苓雅區建軍社區發展協會、蘇茵慧
美　　編：林育雯
封面設計：林育雯
編　　輯：張加君
出 版 者：博客思出版事業網
發　　行：博客思出版事業網
地　　址：台北市中正區重慶南路1段121號8樓之14
電　　話：(02)2331-1675或(02)2331-1691
傳　　真：(02)2382-6225
E—MAIL：books5w@yahoo.com.tw或books5w@gmail.com
網路書店：http://store.pchome.com.tw/yesbooks/
http://www.5w.com.tw、華文網路書店、三民書局
總 經 銷：成信文化事業股份有限公司
劃撥戶名：蘭臺出版社　帳號：18995335
網路書店：博客來網路書店 http://www.books.com.tw
香港代理：香港聯合零售有限公司
地　　址：香港新界大蒲汀麗路36號中華商務印刷大樓
C&C Building, 36,Ting, Lai, Road, Tai,Po, New,Territories
電　　話：(852)2150-2100　傳真：(852)2356-0735
出版日期：2013年7月 初版
定　　價：新臺幣250元整（平裝）
ISBN：978-986-6589-96-6